LA COCINA DE LAURA

LA COCINA DE LAURA

Laura B. de Caraza Campos

Número de Control de la Biblioteca del Congreso de EE. UU.:   2015902021
ISBN: Tapa Dura   978-1-4633-9673-2
                  Tapa Blanda   978-1-4633-9672-5
                  Libro Electrónico   978-1-4633-9674-9

Información de la imprenta disponible en la última página.

Fecha de revisión: 25/06/2015

Para realizar pedidos de este libro, contacte con:
Palibrio
1663 Liberty Drive
Suite 200
Bloomington, IN 47403
Gratis desde EE. UU. al 877.407.5847
Gratis desde México al 01.800.288.2243
Gratis desde España al 900.866.949
Desde otro país al +1.812.671.9757
Fax: 01.812.355.1576
ventas@palibrio.com
698291

ÍNDICE

PRESENTACIÓN

Hace muchos años, cuando entré a trabajar en la recién inaugurada Editorial Promexa, sólo había un libro publicado: *La cocina de Laura*. Lo recuerdo bien; era tamaño carta, tenía dos pastas duras de color naranja brillante unidas por una espiral de metal para facilitar su uso, y la portada y los interiores lucían preciosas ilustraciones de María Figueroa. Lo llevé a casa y, como muchas otras personas, aprendí a cocinar con él.

¿En qué radica su éxito? En la asombrosa sencillez con la que la autora explica cualquier receta, incluyendo las más complicadas, pues está pensado para alguien que no tiene experiencia alguna en los fogones. Para empezar, la relación de ingredientes especifica los pasos previos que hay seguir para tenerlos listos en el momento de la preparación, lo que ahorra instrucciones innecesarias. En cuanto al proceso de elaboración, hay que agradecerle a Laura que no sature a sus lectores con términos técnicos desconocidos para los principiantes. Directrices como "batir durante tres minutos" son más que suficiente para obtener los resultados deseados.

También se agradecen las tablas de términos culinarios y de medidas comparativas para saber, por ejemplo, que 240 gramos de azúcar equivalen a una taza, o que 15 gramos de mantequilla corresponden a una cucharada, así como las conversiones de grados Fahrenheit a centígrados. Finalmente, el volumen se redondea con las sugerencias de menús compuestos por las recetas del mismo libro para servir banquetes de manteles largos, comidas cotidianas o de fin de semana y cenas con amigos.

A aquella primera edición le siguieron varias más. Me tocó participar en la segunda, revisada y aumentada, que conservó sus características tapas naranjas pero no la espiral de metal, y en otra más ilustrada con fotografías, sin contar las reimpresiones. Pero, sobre todo, *La cocina de Laura* fue punto de partida de numerosos libros y artículos en revistas en los que Laura B. de Caraza Campos compartió recetas de todo tipo, en tanto que yo, de la mano de la autora, me inicié en la edición de temas gastronómicos. Por ello, este libro y Laura Caraza, como la conocemos todos, son muy especiales para mí.

Patricia Bueno de Ariztegui

CAPITULO 1

SOPAS

ÍNDICE

CREMA DE ALCACHOFA

8 personas

6 alcachofas grandes cocidas el agua donde se cocieron las alcachofas
½ cebolla rallada
50 gramos de mantequilla
2 cucharadas de harina
Consomé de pollo
¼ de litro de crema dulce
Sal y pimienta

1. Se les quita a las alcachofas la carne las hojas, con la punta de una cuchara.
2. La mitad de los fondos se aparta.
3. Se licua la carne de las alcachofas con el agua donde se cocieron hasta formar un puré ligero.
4. En una cacerola gruesa se pone a acitronar la cebolla con la mantequilla.
5. Se le añade la harina y se fríe unos minutos, se le agrega el puré de alcachofas y se sigue friendo 3 minutos más.
6. Se le añade consomé hasta que tome la consistencia de sopa deseada.
7. Se le agrega la crema.
8. Se sirve muy caliente acompañada de los fondos restantes picados.

Nota: Esta sopa se sirve en tazas para consomé.

CREMA FRÍA DE AGUACATE

4 personas

1 aguacate grande, maduro
1 taza de consomé de pollo (se puede hacer de consomé en polvo)
1 taza de hielo picado
2 chiles serranos, o la gusto

Para acompañar
2 tortillas cortadas en cuadritos, fritas y escurridas sobre papel absorbene

1. Se pela el aguacate y se licua con el consomé frío, el hielo y los chiles y en la licuadora.
2. Se sazona con sal y pimienta.
3. Se sirve con cuadritos pequeños de tortilla fritos en aceite.

El chile es opcional; a las personas que no les agrade lo pueden suprimir.

Nota: Esta sopa debe hacerse a última hora para que no se ponga negra.

SOPA DE BOLITAS DE MASA

8 personas

6 jitomates medianos
½ cebolla mediana
1 diente de ajo
2 ramitas de perejil
½ kilo de masa para tortillas
100 gramos de mantequilla
2 cucharadas de harina
100 gramos de queso añejo
1 huevo
1 ½ litros de consomé de pollo
Manteca de cerdo o aceite de maíz para freír
3 chiles pasilla fritos y desmenuzados
Sal y pimienta.

1. El jitomate se licua con cebolla, ajo, sal y pimienta.
2. Se cuela y se pone a freír en 2 cucharadas de manteca o aceite.
3. Ya que está bien frito se le agrega el consomé de pollo y 2 ramitas de perejil.
4. Se sazona y se deja hervir durante unos minutos.
5. Se le añaden las bolitas de masa bien doraditas y se sirve muy caliente.
6. El chile pasilla se sirve en un platito aparte para que cada quien se lo añada a la sopa al gusto.

Las bolitas de masa
1. Las bolitas de masa se hacen revolviendo la masa con la mantequilla, la sal, la harina, el queso rallado y el huevo.
2. Se mezcla todo muy bien.
3. Se hacen las bolitas y se fríen en bastante manteca o aceite caliente a que queden de un color tabaco. Se escurren sobre papel absorbente.

CALDO FINO DE RES

8 personas

½ kilo de entrecot de res
½ kilo de tapa de aguayón
½ kilo de hueso de tuétano
½ kilo de hueso de arrachera
1 kilo de gallina tierna
100 gramos de poro
100 gramos de nabo
100 gramos de zanahorias
50 gramos de cebolla verde
50 gramos de colinabo
6 ramas de apio
1 hoja de hierbabuena
2 cucharadas de sal gruesa
6 pimientas delgadas
6 litros de agua

1. Se pone todo a cocer en una olla grnde tapada a fuego lento durante 5 horas, espumando de vez en cuando.
2. Se retira entonces del fuego y se pasa por el colador chino y luego por una manta de cielo húmeda para que quede bien limpio.

CALDO GALLEGO

8 personas

3 ½ litros de caldo de res
200 gramos de col picada y cocida
2 pechugas de pollo crudas y cortadas en pedacitos
100 gramos de cebolla rebanada delgada
3 dientes de ajo muy bien picados
100 gramos de jamón crudo (tipo serrano)
1 cucharada de manteca de cerdo o de aceite de maíz
2 jitomates grandes asados, molidos y colados
100 gramos de alubias cocidas
2 chorizos fritos
6 hebras de azafrán

1. Se pone el caldo en una olla gruesa y se le agregan la col y las pechugas de pollo.
2. La cebolla, el ajo y el jamón se ponen a freír en la manteca o aceite.
3. Ya que están bien fritos se les añade el jitomate y las alubias.
4. Se le agrega a esto 2 tazas del caldo y se muele en la licuadora.
5. Se cuela y se le añade al resto del caldo.
6. Se sazona agregando el chorizo frito y desmenuzado y el azafrán.
7. Se deja hervir 2 horas a fuego muy lento y se sirve.

CALDO SENCILLO

6 personas

4 litros de agua
500 gramos de chambarete
250 gramos de agujas
1 hueso poroso
3 zanahorias peladas
3 nabos pelados
1 poro
3 cebollas de rabo con todo y éste
1 ramita de apio
12 pimientas delgadas
1 cucharadas de sal

1. Se pone el agua a hervir, se le agregan entonces todos los ingredientes dejándolos cocer durante 5 horas a fuego muy lento.
2. El caldo no se debe espumar.
3. Si la ebullición es suave el caldo quedará muy claro; en cambio si hierve muy fuerte saldrá turbio y sin sabor.
4. Pasadas las 5 horas se cuela por una manta de cielo mojada, con mucho cuidado para que no se agrie.

SOPA A LA CARDENAL

4 personas

2 pechugas de pollo cocidas
15 almendras peladas (se pelan en agua hirviendo)
6 tazas de consomé de pollo
1 yema de huevo
1 cucharadita de jerez seco
8 rebanadas de bolillo tostadas
4 cucharadas de queso parmesano

1. Se muelen las pechugas junto con las almendras.
2. El consomé se calienta y se le agrega lo anterior.
3. Se tapa y se deja hervir 15 minutos a fuego lento.
4. Se saca del fuego.
5. Se baten la yema y el jerez.
6. Se les añade un poquito de sopa entibiada.
7. Se agregan con mucho cuidado a la sopa.
8. Se sirve con las rebanadas de bolillo espolvoreadas con el queso rallado.

SOPA DE CEBOLLA

6 personas

6 cebollas grandes
50 gramos de mantequilla
1 diente de ajo picado
1 hoja de laurel
2 bolillos rebanados o 12 rebanadas de baguette, tostados
Sal y pimienta
50 gramos de queso parmesano rallado
50 gramos de queso gruyere

1. Las cebollas se rebanan finamente, y se fríen en 30 gramos de mantequilla hasta que estén de un bonito color dorado medio oscuro.
2. Se agregan el ajo y la hoja de laurel, 2 litros de agua tibia, la sal y la pimienta.
3. Se deja hervir durante 45 minutos tapada a fuego lento.
4. El pan tostado se pone en una sopera o los tazones individuales resistentes al fuego (por ejemplo de barro), espolvoreando cada rebanada generosamente con los quesos rallados.
5. Se vierte cuidadosamente el caldo sobre el pan.
6. Se añade el resto de la mantequilla en pedacitos y se mete unos minutos al horno caliente para que gratine.

SOPA DE CHILE POBLANO

6 personas

5 chiles poblanos asados, desvenados y desflemados desde la víspera
½ cebolla mediana picada
45 gramos de mantequilla
1 cucharada de harina
3 ramitas de cilantro
1 diente de ajo chico
6 taza de leche
Sal y pimienta al gusto
3 elotes cocidos y desgranados
Tortillas para hacer totopos

1. Los chiles se desfleman poniéndolos a remojar desde la víspera en agua con sal y azúcar.
2. La cebolla se pone con la mantequilla a acitronar.
3. Ya que está transparente se le añaden la harina, los chiles molidos con el cilantro, un diente de ajo y un poquito de leche a que quede un puré espeso.
4. Se fríe por 2 minutos y se le añade el resto de la leche caliente.
5. Se deja cocer a fuego lento durante 10 minutos, se sazona con sal y pimienta.
6. Se sirve adornada con los granitos de elote, el queso rallado y los totopitos dorados en manteca o en aceite de maíz y escurridos en papel absorbente.

SOPA DE ELOTE Y CHILE ANCHO

12 personas

2 chiles anchos desvenados
4 jitomates medianos
60 gramos de mantequilla
1 ½ cucharada de harina de maíz
8 elotes
200 gramos de queso panela
½ taza de crema

Para el caldo
3 litros de agua
2 huesos porosos grandes
1 hueso de tuétano
1 poro grande
1 apio chico o 5 ramas de apio
3 zanahorias
2 calabacitas
Sal y pimienta al gusto

1. El chile ancho se pone en agua a que dé un hervor. Ya que está suave se saca, se seca y se parte en rajitas.
2. El jitomate se asa, se pela, se muele, se cuela y se fríe en la mantequilla.
3. Ya que está espesito se le añade la harina de maíz.
4. Se fríe un momentito y se le añaden el caldo muy bien colado, los granitos de elote, las rajitas de chile, el queso panela rebanado y la crema.
5. Se sirve muy caliente.

Caldo
1. Se pone el agua con los huesos y todas las verduras, menos los elotes, pues éstos deben desgranarse y cocer los granitos aparte
2. Al caldo sólo se le agregan las mazorcas para darle sabor.
3. Se debe probar durante la cocción para no le falte sal.

CREMA DE FLOR DE CALABAZA

4 personas

6 manojos de flor de calabaza
3 elotes
9 calabacitas
45 gramos de mantequilla (½ barrita)
1 litro de leche
1 cucharada de consomé concentrado en polvo
Sal y pimienta
1 pizca de bicarbonato

1. La flor se limpia, quitándole los pistilos y los rabitos y se pica.
2. Los elotes se desgranan y las calabacitas se pican finamente.
3. Se fríe la flor de calabaza en la mitad de la mantequilla y se licua con un poco de leche a que quede espesita.
4. Los elotes y las calabacitas también se fríen en el resto de la mantequilla.
5. Se junta todo y se le añade el consomé y el sobrante de la leche.
6. Se sazona, con sal y pimienta se añade el bicarbonato y se deja hervir unos minutos.
7. Si queda muy espesa se le añade un poco de leche hirviendo.

SOPA FRÍA DE FRIJOL

8 personas

3 jitomates medianos
½ cebolla mediana
3 cucharadas de aceite de oliva
2 cucharadas de consomé concentrado en polvo
3 tazas de frijol canario o negro, cocidos
6 tazas de caldo donde se cocieron los frijoles
6 cucharadas de aceite de oliva
3 cucharadas de vinagre
3 cucharadas de orégano molido
150 gramos de queso añejo

1. El jitomate se muele con la cebolla en la licuadora, se cuela y se pone a freír con el aceite caliente.
2. Ya que está como puré, se le añaden el consomé y los frijoles molidos con su caldo.
3. Se sazona y se deja hervir unos minutos.
4. Se mete al refrigerador y ya que está muy fría se le añaden el aceite de oliva, el vinagre, el orégano y el queso partido en cuadritos.

Nota: La sopa de frijol caliente se hace igual, pero no se le añaden ni el aceite de oliva, ni el vinagre, ni el orégano. Sólo se sirve con el queso y con las tortillas rebanadas en cuadritos pequeños y fritas para que queden como totopitos.

SOPA DE FRIJOL BLANCO

6 personas

250 gramos de frijol blanco
250 gramos de jamón ahumado cortado en cubitos
2 cebollas finamente picadas
3 ramas de apio finamente picadas
1 diente de ajo machacado
2 cucharadas de aceite de oliva
250 gramos de carne de puerco desgrasada, en un solo trozo
1 ½ cucharada de sal
Pimienta negra
2 puñados de espaguetis cortados en trozos
Queso parmesano

1. Se ponen los frijoles blancos en un cacerola con 2 litros de agua a hervir a fuego fuerte durante 2 minutos.
2. Se retiran del fuego y se dejan reposar en esa agua durante una hora.
3. Se escurren y se guarda el agua de cocimiento a la que se le añade agua fría para completar de nuevo los 2 litros.
4. Se mezclan el jamón, la cebolla el apio y el ajo y se fríen en el aceite caliente durante 10 minutos, moviendo frecuentemente.
5. Se añaden entonces los frijoles, el agua de cocimiento, el puerco, la sal y la pimienta.
6. Cuando suelta el hervor se baja la flama, se tapa y se deja cocer 1 ½ horas o hasta que los frijoles estén suaves.
7. Se retira el trozo de puerco.
8. Se sazona la sopa.
9. Se le añaden los espaguetis y se deja cocer otros 10 o 15 minutos, o el tiempo que marque la envoltura de la pasta.
10. Se vierte en la sopera y se le añade queso parmesano al gusto.

SOPA DE GARBANZO

8 personas

600 gramos de garbanzo
Consomé de pollo en polvo
6 cucharadas de aceite de maíz
2 dientes de ajo
100 gramos de cebolla finamente picada
4 chorizos picados
700 gramos de jitomate, asado, molido y colado
Sal

1. Los garbanzos se remojan desde la víspera en agua fría; al día siguiente se les cambia el agua y se pone a cocer con 2 ½ litros si lo hace usted en la olla exprés, y con 4 litros si los cuece en una olla de barro tapada.
2. Una vez cocidos se muelen en la licuadora, se les añade el agua donde se cocieron y se sazonan con consomé de pollo en polvo.
3. En un sartén se pone el aceite, se le agregan los dientes de ajo picados y la cebolla finamente picada.
4. Cuando está acitronada se añaden los chorizos picados.
5. Una vez que están bien fritos se agrega el jitomate, el cual se debe freír perfectamente, y por último se añade ½ litro de agua hirviendo, se deja reducir a la mitad, se cuela.
6. Se les añade a los garbanzos y se sazona con consomé.
7. Para conservarla caliente y que no se espese se pone en baño María hasta la hora de servirse.

GAZPACHO

6 personas

8 jitomates medianos, asados, pelados y despepitados
1 pan bolillo descostrado
½ taza de vinagre de vino al ajo (éste se puede hacer poniéndole 3 o 4
    dientes de ajo y metiéndolo al refrigerador durante una o dos horas)
6 pepinos chicos
Sal y pimienta negra recién molida
Hielo
3 aguacates, pelados y picados
4 rebanadas de pan blanco, cortado en cubitos

1. Los jitomates se muelen junto con el bolillo que se habrá puesto a remojar en el vinagre, al que se le habrán quitado los ajos, y 4 pepinos pelados y rebanados.
2. Ya que está todo bien molido se cuela y se pone en la sopera.
3. Debe quedar un poco espesa.
4. Ahí se le añaden 5 o 6 cubitos de hielo y se mete al refrigerador.
5. Ya que está bien fría se sazona con sal y pimienta negra se le añaden los pepinos restantes picados en cuadritos lo mismo que el aguacate.
6. El pan blanco se sirve aparte.

Nota: Con los cubitos de hielo la sopa se aguada y así es como debe quedar.

SOPA DE HABAS

8 personas

500 gramos de habas secas
3 litros de caldo de pollo
1 jitomate grande
1 cebolla mediana
1 diente de ajo
2 cucharadas de aceite de oliva
Sal y pimienta al gusto

Para acompañar
4 o 5 chiles pasillas fritos y escurridos sobre papel absorbente
2 bolillos rebanados y fritos, escurridos sobre papel absorbente

1. Se ponen a cocer las habas con el caldo de pollo (o con agua si se prefiere).
2. Ya que están suaves se licuan con su caldo.
3. El jitomate se muele con la cebolla y el ajo y se cuela.
4. Se pone a calentar el aceite en una cacerola, se le añade el jitomate y se sazona muy bien hasta que esté espesito.
5. Se agrega ahí el puré de habas con su caldo. Se prueba de sal.
6. Se deja hervir 15 o 20 minutos.
7. Se sirve adornada con los chiles pasillas y las rebanadas de pan frito.

SOPA FRÍA DE JITOMATE

6 personas

6 jitomates grandes, toscamente picados
3 cebollas grandes, toscamente picadas
2 tazas más o menos de consomé de pollo
Pimienta negra molida
½ litro de crema dulce para batir
Sal y azúcar

1. Los jitomates y las cebollas se ponen a cocer.
2. Ya que están suavecitos y bien cocidos se retiran de la lumbre, se deja entibiar un poco y se licuan con 1 cucharadita de azúcar .
3. Se cuelan y se sazonan.
4. Se les añade consomé hasta que tomen la consistencia de la sopa deseada (debe de quedar espesita).
5. Se pone sobre la lumbre a que dé un hervor y se mete al refrigerador.
6. Se sirve muy fría, adornada con un sope de crema batida y espolvoreado con la pimienta negra.
7. Debe servirse en tazas individuales.
8. También puede tomarse caliente.

SOPA DE LECHUGA

4 personas

3 lechugas orejonas grandes, deshojadas, bien lavadas y desinfectadas
45 gramos de mantequilla, ½ barrita
1 taza de crema espesa
Sal y pimienta
2 yemas

1. Las lechugas, se ponen en agua fría con sal y se coloca todo esto al fuego.
2. Se deja hervir 10 minutos.
3. Se retira de la lumbre y se escurre.
4. En una cacerola se pone a calentar la mantequilla y se fríen las hojas de lechuga, se añade sal y pimienta y 1 ½ litros de agua.
5. Se deja cocer a fuego lento, hirviendo muy suavemente durante 1 hora.
6. Se licua y se cuela.
7. Se mezclan las yemas y la crema.
8. Se vierten a la sopa poco a poco y se pone de nuevo a calentar, pero sin que hierva.
9. Se sirve con pedacitos de pan fritos con mantequilla, escurridos sobre papel absorbente.

SOPA FRÍA DE LECHUGA

6 personas

60 gramos de mantequilla
1 cebolla mediana picada
2 ½ tazas de lechuga orejona picada
3 cucharadas de harina
½ litro de consomé de pollo
Sal y pimienta
½ litro de leche
3 yemas
1 limón (su jugo)
¼ litro de crema natural

1. En una cacerola se ponen los 40 gramos de mantequilla con la cebolla picada hasta que se acitrone.
2. Se le añade la lechuga picada y se deja marchitar.
3. Se le agrega entonces la harina a que se fría 2 minutos y después el consomé.
4. Se sazona con sal y pimienta, dejándola hervir unos minutos.
5. Se saca del fuego y se licua.
6. Se cuela por una coladera fina, se regresa a la cacerola y se le agrega la leche hervida con 20 gramos de mantequilla y pimienta.
7. Se deja que dé otro hervor. Debe quedar una crema ligera.
8. Se le agregan las yemas muy batidas con el jugo de limón y la crema.
9. Se mete al refrigerador y se sirve fría.

SOPA DE NUEZ

4 personas

½ cebolla chica rallada
3 cucharadas de aceite de maíz
1 jitomate chico molido y colado
100 gramos de nuez molida
3 tazas de consomé de pollo
¾ de taza de crema espesa
Sal al gusto

1. Se acitrona la cebolla en el aceite caliente.
2. Se le agrega el jitomate y se fríe hasta que esté espeso y ya no sepa a crudo.
3. Se le añade la nuez y se le agrega el consomé.
4. Se deja hervir 10 minutos a fuego lento, se le añade la crema.
5. Se sirve.

SOPA DE OSTINONES

8 personas

Cebolla picada finamente o rallada
50 gramos de mantequilla
1 jitomate grande, asado, pelado y molido
75 gramos de harina
Sal y pimienta blanca
1 litro de leche hervida
1 rajita de canela
2 frascos de 1 litro de ostiones
1 cucharada de perejil picado

1. La cebolla se pone a acitronar en la mantequilla, y una vez transparente se le añade el jitomate.
2. Se deja sazonar hasta que espese y quede como puré.
3. Se le añade la harina y se deja freír 1 minuto.
4. Se le agrega el agua colada de los ostiones.
5. Ya que suelte el hervor se le agrega leche hervida con la raja de canela y cuando comienza a hervir de nuevo se saca de la lumbre y se le añaden los ostiones y el perejil picado.
6. Si no se va a servir inmediatamente se pone en baño María para que se conserve muy caliente.

SOPA FRÍA DE PEPINO

6 personas

1 ½ kilogramos de pepino
4 cucharadas de estragón
Sal y pimienta
1 taza de crema
Páprika, al gusto

1. Se pelan los pepinos y con un cortador especial se cortan 24 bolitas.
2. Se ponen a cocer en agua salada hirviendo, durante 10 minutos. Se escurren.
3. Se pone a cocer el resto de los pepinos rebanados en rueditas durante 10 minutos.
4. Se escurren y se pasan por una coladera, presionando.
5. Debe quedar un líquido espeso.
6. Se añade el estragón y se sazona con sal y pimienta.
7. Se mezcla con la crema y se pone a enfriar.

Se sirve en platos individuales y se adorna con las bolitas de pepino y una pizca de páprika.

SOPA FRÍA DE PEPINO Y PORO

6 personas

6 poros, finamente rebanados
2 cebollas medianas, finamente rebanadas
60 gramos de mantequilla, 1 barrita
8 pepinos, pelados
4 tazas de consomé de pollo (puede hacerse con consomé en polvo)
½ litro de crema
Perejil, sal y pimienta

1. Los poros y las cebollas se fríen en la mantequilla. Deben de quedar acitronados.
2. Los pepinos se ponen a cocer 10 minutos en el consomé.
3. Se junta todo, se muele en la licuadora y se cuela.
4. Se le agregan la crema, la sal, la pimienta y el perejil picadito.
5. Se mete al refrigerador y se sirve fría.

SOPA DE PESCADO A LA FRANCESA

6 personas

¼ litro de aceite de oliva
1 cebolla grande pelada y finamente picada
8 dientes de ajo finamente picados
2 zanahorias peladas finamente picadas
1 poro finamente picado
1 manojo de perejil finamente picado
10 hojas de laurel
2 jitomates grandes pelados y picados
1 kilogramo de huachinango
1 langosta, bien limpia
6 langostinos, bien limpios
250 gramos de camarones
1 cucharadita de azafrán

1. El aceite se pone a quemar (debe de comenzar a humear), y se le añade el ajo y la cebolla hasta que tomen un color dorado claro.
2. Se le agregan entonces todas las verduras, cuando estén doraditas.
3. Se le añade el jitomate y las hierbas de olor.
4. Se le agrega el pescado, la langosta, los langostinos y los camarones muy bien lavados y partidos en trozos con todo y cáscara.
5. Se añaden el azafrán y agua a cubrir.
6. Se deja que suelte el hervor.
7. Se sazona con sal y pimienta.
8. Se espuma y se deja hervir más o menos 30 minutos.

SOPA DE PESCADO JOSEFINA

8 personas

1 ½ kilogramo de huachinango, rebanado
1 cabeza de robalo
Orégano al gusto
500 gramos de camarón fresco crudo
1 cebolla mediana
3 cucharadas de aceite
1 cucharada de harina
3 jitomates grandes, licuados y colados.
7 chiles serranos
4 o 5 papas cocidas y cortadas en trozos medianos

1. Se ponen a cocer el huachinango y el robalo en agua con sal y orégano.
2. Los camarones se cuecen aparte, se pelan y se desvenan (se les quita la vena negra que tienen en el centro).
3. La cebolla se acitrona en el aceite, se le añade la harina y se fríe unos segundos, se le agregan el jitomate y los chiles serranos.
4. Ya que está todo bien frito se le añade el agua donde se cocieron los pescados y los camarones.
5. Se deja hervir unos minutos para que tome sabor.
6. Ya para servirse se colocan en la sopera el pescado en trozos, los camarones bien limpios, las papas y se vierte sobre ellos el caldo hirviendo.

SOPA DE PISTOU

6 personas

½ litros de agua o de consomé de pollo
6 poros, rebanados finamente y bien lavados
250 gramos de ejotes tiernos, picados
250 gramos de zanahorias, peladas y picadas
250 gramos de papa amarilla, pelada y picada
1 manojo de acelgas, lavadas y picadas
250 gramos de frijol blanco, remojado desde la víspera
2 calabacitas medianas, picadas
100 gramos de pasta de codito

El aioli
3 dientes de ajo, pelados
1 ramita de perejil
Taza de hojas de albahaca, picadas
1 jitomate grande, pelado y picado
100 gramos de queso parmesano
5 cucharadas de aceite de oliva

1. Se pone a hervir el agua, se añaden las verduras picadas menos las calabacitas.
2. Los frijoles blancos se remojan desde la víspera, se escurren y también se añaden.
3. Se deja hervir 30 minutos y se le agregan las calabacitas cortadas en cuadritos.
4. Se sazona con sal y pimienta, y 15 minutos después se le añade el codito.
5. Se deja cocer otros 15 minutos a fuego manso, moviendo de vez en cuando para que no se pegue la sopa, que queda espesita.

El aoli

1. En un mortero se muelen los dientes de ajo, se añade una ramita de perejil y las hojas de albahaca y el jitomate picado o molcajete.

2. Ya que queda todo como una pasta, se añade el parmesano rallado y el aceite de oliva poco a poco como se hace para la mayonesa.

3. Se disuelve esta pasta en la sopa unos minutos antes de servirla.

4. Se deja hervir 2 minutos para que se revuelva todo muy bien.

5. Se sirve inmediatamente.

PUCHERO ESPAÑOL

8 personas

5 litros de agua
Sal gruesa
250 gramos de aguayón
250 gramos de agujas de res
250 gramos de diezmillo
400 gramos de huesos de tuétano
3 poros
3 zanahorias peladas
1 cebolla grande
1 cabeza de ajos
250 gramos de garbanzos remojados desde la víspera
200 gramos de tocino en una sola pieza
½ kilogramo de pollo o gallina
200 gramos de chorizo
250 gramos de morcilla

1. En una olla de peltre o esmaltada grande se ponen el agua con sal, las carnes de res, los huesos de tuétano, las zanahorias, los poros y la cebolla enteros, los ajos, los garbanzos y el tocino cortado en tiras gruesas.
2. Se deja hervir a fuego lento 2 horas.
3. Pasado este tiempo se le añaden el pollo y el chorizo y se deja hervir 4 horas más.
4. La morcilla se rebana en rodajas gruesas, se fríe y se le agrega al puchero a la hora de servirlo.

PUCHERO MEXICANO

8 personas

5 litros de agua
250 gramos de aguayón
250 gramos de chambarete
250 gramos de agujas de res
500 gramos de lomo de puerco
6 huesos de tuétano
3 poros
1 ½ cebolla
250 gramos de garbanzos remojados desde la víspera
1 cucharada de sal gruesa
4 elotes
500 gramos de pollo
3 zanahorias
3 papas enteras
6 ramitas de perejil
5 ramitas de cilantro
250 gramos de chorizo
4 chiles serranos
250 gramos de morcilla (o rellena)

Para acompañar el caldo
3 plátanos, cortados en rodajas
2 aguacates, pelados y picados
3 chiles serranos, picados
Cebolla finamente picada
Cilantro, bien lavado y picado
3 limones, cortados en cuatro

Para acompañar las carnes
Tortillas
Salsa de chile al gusto

1. En una olla de peltre grande se ponen el agua, las carnes de res y de puerco, los huesos de tuétano, los poros, la cebolla, los garbanzos, la sal y los elotes partidos en 3 trozos cada uno.

2. Se deja hervir a fuego lento 2 horas.

3. Pasado este tiempo se le añade el pollo, las zanahorias, las papas, una ramita de perejil, una de cilantro, el chorizo y se deja hervir lentamente 3 horas.

4. Para servirse se cuela el caldo y se sirve en un plato sopero, con arroz a la mexicana aparte, y se acompaña con un platón bien adornado donde se pondrán cilantro, perejil, cebollas y chiles serranos picados en montoncitos separados, plátanos en rodajas, aguacates en cuadritos y limones partidos en cuatro.

5. Las carnes se sirven como segundo plato, rodeadas por las verduras del puchero, adornadas con rebanadas de morcilla frita y acompañadas con una buena salsa de chile y tortillas calientes.

6. Los huesos de tuétano también se ponen en el plato.

SOPA DE QUESO AMARILLO

4 personas

1 cucharada de mantequilla
1 ½ cucharada de harina
3 tazas de leche
120 gramos de queso amarillo tipo americano
Sal, pimienta y páprika

1. Se derrite la mantequilla, se agrega la harina, se fríe durante 2 minutos.
2. Se añade la leche y se deja hervir.
3. Se añade el queso justo antes de servirla.
4. Se sazona con sal, pimienta y páprika.

Se sirve acompañada de cuernitos o de cuadritos de pan tostado fritos en mantequilla y escurridos sobre papel absorbente.

SOPA SENEGALESA

8 personas

8 tazas de buen consomé de pollo frío y desgrasado
2 pechugas de pollo cocidas y picaditas (4 mitades)
2 cucharadas de polvo de curry
1 taza de crema dulce espesa
2 manzanas peladas y picadas
Sal y pimienta

1. Se mezcla todo menos la manzana y se pone en el refrigerador desde la víspera.
2. Se sirve muy fría acompañada de la manzana picada.

VYCHYSSOISE

6 personas

2 tazas de papa amarilla, pelada y picada
½ taza de cebolla de rabo rebanada finamente (sólo la parte blanca)
4 tazas de consomé de pollo (puede usar concentrado)
3 cucharadas de cebollín picado
2 tazas de leche
1 taza de crema dulce o de crema natural

1. Las papas, cebollas y poros se ponen a cocer en el consomé de pollo hasta que estén suavecitos.
2. Se muelen en la licuadora con 3 tazas del consomé donde se cocieron, añadiéndoles una cucharada de cebollín picado.
3. Se cuela por una coladera fina, se le añaden la leche y la crema, se sazona, se le añaden 2 cucharadas de cebollín picado y se mete al refrigerador.
4. Debe tomarse muy fría por lo que es preferible hacerla un día antes.

CAPITULO 2

HUEVOS

ÍNDICE

HUEVOS A LA FRANCESA

4 personas

48 huevos
½ taza de crema
1 cucharada de trufas picaditas
50 gramos de mantequilla en trocitos
Sal y pimienta
Pan tostado cortado en triangulitos, frito en mantequilla y escurrido sobre papel absorbente.

1. Se baten los huevos con un batidor de alambre y se les añaden los demás ingredientes.
2. Se pone todo a baño María, moviendo con una cuchara de madera de vez en cuando para que vayan cuajando.
3. Deben servirse muy tiernos con los triangulitos de pan tostado.

Brioches rellenas con huevos a la francesa:
1. Se vacían los brioches, se meten al horno a calentar, se rellenan con el huevo, se adornan con perejil. *(Ver pasta para brioche).*

Nota: Las trufas no son obligatorias.

HUEVOS A LA INGLESA

4 personas

4 rebanadas de tocino
1 ½ jitomates pelados, rebanados y sin semillas
4 huevos
2 cucharadas de manteca
Sal y pimienta

1. Se ponen las rebanadas de tocino a medio freír y se añade el jitomate.
2. Se deja sobre la lumbre 3 o 4 minutos más. Se sazona.
3. Se fríen los huevos en la manteca.
4. Se salpimientan y se sirven rodeados del jitomate con el tocino.

HUEVOS A LA MEXICANA CON CHILAQUILES

2 personas

1 ½ jitomates medianos, pelados, despepitados y picados
1 ½ cucharadas de manteca de cerdo o de aceite de maíz
¼ de cebolla mediana picada
2 chiles serranos picados
4 huevos
2 tortillas grandes cortadas en cuadritos de ½ centímetro y fritos en manteca o aceite hasta que estén doraditos y escurridos sobre papel absorbente

1. Se pelan los jitomates metiéndolos 8 segundos en agua muy caliente.
2. Se pican y se despepitan.
3. Se pone en una sartén la manteca o el aceite.
4. Se añade la cebolla y se acitrona.
5. Se agrega el chile, el jitomate, sal y pimienta y se fríe hasta que se cueza.
6. Se baten los huevos, se añaden a lo anterior.
7. A media cocción se añade la tortilla.
8. Se mezclan bien.
9. Se sirven muy calientes.

HUEVOS AL PLATO

Los huevos al plato son aquellos que se estrellan en un plato individual refractario y engrasado con mantequilla y luego se meten al horno precalentado a 175°C o 350°F durante 15 o 20 minutos, hasta que cuaja la clara. Se puede servir de muchísimas formas y son muy útiles para cuando tenemos que recibir a alguna persona que no esperábamos.

HUEVOS AL PLATO A LA ITALIANA CON CALABACITAS

4 personas

4 calabacitas medianas
4 jitomates chicos maduros
50 gramos de queso Oaxaca
Mantequilla
Sal y pimienta
4 huevos muy frescos
1 cucharada de perejil picadito

1. Se precalienta el horno a 170°C
2. Las calabacitas se lavan y se secan. Se rebanan en círculos no muy delgados y se ponen en agua salada hirviendo durante tres minutos, se secan, se escurren y se secan.
3. Aparte se lavan los jitomates y se rebanan quitándoles las semillas.
4. Se engrasa un molde refractario con mantequilla. Se pone una capa de calabacitas, otra de jitomates, otra de queso, unos pedacitos de mantequilla, sal y pimienta.
5. Se mete al horno precalentado. Se deja 10 minutos.
6. Se saca, se estrellan sobre esto los huevos, se sazonan con sal y pimienta y se vuelve a meter el molde al horno más o menos 10 minutos, hasta que cuaje la clara.
7. Se adornan con perejil y se sirven inmediatamente.

HUEVOS AL PLATO CON CURRY

1 persona

1 cucharada de mantequilla
1 0 2 huevos por persona
3 cucharadas de crema por plato
1 cucharadita de polvo de curry por plato
Sal

1. Se precalienta el horno a 170°C
2. Se engrasa un plato refractario individual con mantequilla.
3. Ahí se estrellan los huevos.
4. La crema se mezcla con el polvo de curry y se sazona con sal.
5. Se pone esta mezcla alrededor del huevo y se mete al horno precalentado más o menos 20 minutos, o hasta que cuaje la clara.

También se pueden hacer sólo con crema, sal y pimienta.

HUEVOS AL PLATO CON ELOTE Y RAJAS

3 personas

3 cucharadas de mantequilla
3 huevos
9 cucharadas de crema
1 chile poblano asado, desvenado y cortado en rajas
1 elote tierno cocido y desgranado
50 gramos de queso panela en rebanaditas
Sal y pimienta

1. Se precalienta el horno a 170°C.
2. Se engrasan tres platos refractarios individuales con mantequilla.
3. Se estrella en cada uno de ellos un huevo.
4. Se añaden la crema, las rajas, los granos de elote y el queso sal y pimienta.
5. Se meten al horno más o menos 15 minutos o hasta que cuaje la clara.

BARQUITAS DE PAPA CON HUEVO

4 personas

2 papas medianas asadas, al horno, hasta que estén suave (aproximadamente 40 minutos)
60 gramos de mantequilla
½ taza de crema
Sal, pimienta y nuez moscada, al gusto
4 huevos frescos

1. Se precalienta el horno a 170°C
2. Las papas se parten a la mitad a lo largo y se les quita la carne con mucho cuidado, poniéndola en un plato hondo.
3. Se le agrega la mantequilla, la crema, sal, pimienta y nuez moscada y la mitad del queso rallado.
4. Se vuelven a rellenar las cáscaras dejando espacio para estrellar un huevo en cada papa y se cubre con la otra mitad del queso.
5. Se meten al horno precalentado hasta que cuaje el huevo.
6. Más o menos 20 minutos.

HUEVOS CON JAMÓN Y FONDOS DE ALCACHOFA

6 personas

100 gramos de mantequilla
¼ de cebolla mediana finamente picada
1 diente de ajo picadito
2 jitomates asados, pelados y molidos
100 gramos de jamón cocido picado
Sal y pimienta
6 fondos de alcachofas cocidos y picados
12 huevos
1 lata de puntas de espárragos, chica
100 gramos de queso tipo holandés rallado

1. Se precalienta el horno a 180°C
2. Un una sartén se ponen 50 gramos d mantequilla. Ahí se acitrona la cebolla y el ajo.
3. Se añade el jitomate a que quede bien frito, se agrega el jamón y se sazona con sal y pimienta.
4. Las alcachofas se fríen en el resto de la mantequilla.
5. En un platón refractario engrasado de mantequilla se pone una capa de salsa, una de alcachofas y alrededor las puntas de espárragos.
6. Se rompen los huevos, se les pone sal y se espolvorean con el queso.
7. Se mete todo al horno precalentado, más o menos 25 minutos o hasta que cuaje la clara.

HUEVOS CON SALSA DE CEBOLLA

6 personas

90 gramos de mantequilla
3 cebollas grandes picadas finamente
40 gramos de harina
½ litro de leche caliente
1 pizca de nuez moscada
Sal y pimienta
6 cucharadas de crema
6 huevos duros rebanados
6 cucharadas de perejil picado

1. Se pone a derretir la mantequilla, se añade la cebolla.
2. Cuando esté transparente se añade la harina y se deja cocer 5 minutos.
3. Se añade la leche caliente se deja hervir muy lentamente durante 10 minutos.
4. Se añade la nuez moscada, sal y pimienta y se deja sazonar muy bien.
5. Se ponen los huevos en un plato caliente, se cubre con la salsa
6. Se adornan con el perejil picadito.

HUEVOS DUROS O COCIDOS

Calcule ½ litro de agua por dos huevos. Se pone el agua a hervir.

Ya que está en plena ebullición se sumergen los huevos con mucho cuidado y se cuentan 10 minutos a partir de que vuelvan a soltar el hervor. Se meten unos minutos en agua fría y se pelan con cuidado.

No debe usted dejar cocer los huevos más tiempo del indicado anteriormente, porque se forma un círculo verde en la yema que les da un olor y sabor desagradable.

HUEVOS DUROS RELLENOS DE AGUACATE Y MAYONESA

8 personas

8 huevos duros
1 aguacate mediano
½ taza de mayonesa
El jugo de ½ limón
Sal y pimienta al gusto
Páprika para adornar

1. Se parten los huevos a la mitad con mucho cuidado.
2. Se les sacan las yemas y se mezclan muy bien con los demás ingredientes, menos la páprika.
3. Se vuelen a rellenar con esto las claras y se espolvorean con la páprika.

HUEVOS DUROS RELLENOS ON JAMÓN DEL DIABLO O PATÉ

4 personas

4 huevos duros
1 latita de jamón del diablo o de paté (80 gramos)
3 cucharadas de mayonesa
¼ cucharadita de salsa catsup
¼ cucharada inglesa
Sal al gusto
Lechuga picada

1. Los huevos duros se parten a la mitad, se les quitan las yemas y se mezclan con el resto de los ingredientes.
2. Se vuelven a rellenar las claras
3. Se colocan sobre una capa de lechuga picada finalmente a la que se le puede añadir al gusto salsa vinagreta.

HUEVOS EN JITOMATE ENTERO AL HORNO

4 personas

4 jitomates medianos, maduros
4 huevos
Sal y pimienta
4 cucharadas de pan rallado
4 cucharadas de mantequilla
4 rebanadas de tocino

1. Se vacía el centro de los jitomates y se pone un huevo en cada uno, se espolvorea con sal y pimienta.
2. Se agrega 1 cucharada de pan molido a cada uno y 1 cucharada de mantequilla.
3. Se cubren con rebanadas de tocino. Se meten al horno a 160°C.
4. Se voltea el tocino una vez durante la cocción.
5. Después de 30 minutos se meten en el asador durante 1 minutos para que se dore el tocino.

HUEVOS EN RABO DE MESTIZA

4 Personas

4 huevos
2 chiles poblanos, asados, pelados, despepitados y cortados en rajas
120 gramos de queso panela cortado en tiras

Para la salsa
400 gramos de jitomate, bien lavados y partidos en cuarterones
2 cebollas medianas partidas en trozo
1 diente de ajo
2 tazas de agua
Sal y pimienta negra recién molida, al gusto

La salsa
1. Se ponen los jitomates, la cebolla y el ajo en una cacerola gruesa o en una cazuela de barro, se añade el agua, sal y pimienta.
2. Se pone sobre la lumbre y se deja hervir hasta que las cebollas estén bien cocidas.
3. Se retira de la lumbre y se deja enfriar un poco.
4. Se licua y se cuela en la misma cacerola o cazuela en que se cocieron.
5. Se pone sobre la lumbre y se añaden las rajas.
6. Cuando suelte el hervor, se baja la lumbre para que hierva suavecito.
7. Se añade el queso.
8. Entonces se añaden los huevos, uno a uno, pero poniéndolos antes en un tazoncito. Se tienen que añadir con mucho cuidado para que no se rompan.
9. Se deja hervir todo a fuego bajo durante 4 minutos y se sirven en la misma cazuela que se cocinaron.

HUEVOS ESCALFADOS

Son aquellos que se cuecen en agua pero sin cascarón.

Calcule ½ litro de agua para dos huevos.

Se pone el agua a hervir, se agrega sal y 2 cucharadas de vinagre. Deje el fuego bajo para que sólo haya una ebullición muy lenta. Se cascan los huevos uno por uno en un platito. Haga usted un remolino en el agua y se agrega cada huevo por separado.

Se dejan 3 minutos y se retiran con mucho cuidado con una espumadera.

Si es necesario se arreglan los bordes antes de servirlos.

También existen en el mercado unas cacerolas especiales para este tipo de huevos.

HUEVOS ESCALFADOS CON BERENJENAS

4 personas

4 rebanadas de berenjenas
Harina
60 gramos de mantequilla
4 rebanadas de jitomate maduro
4 cucharadas de crema
Sal y pimienta
4 rebanadas de pan tostado cortadas en ruedas de 7 centímetros de
    diámetro y embarradas con mantequilla
4 huevos escalfados

1. Las rebanadas de berenjenas se ponen a desflemar con sal durante 30 minutos, en una coladera.
2. Se secan muy bien con papel absorbente.
3. Se pasan por un poquito de harina y se fríen en la mantequilla.
4. Se sacan y se cubren para que no se enfríen.
5. En la misma sartén se fríen las 4 rebanadas de jitomate.
6. Se retiran y ahí se añade la crema, sal y pimienta.
7. Se raspa bien la sartén con una cuchara de madera para que se haga como una salsita.
8. En un platón se coloca el pan tostado bien caliente, la berenjena, el jitomate y el huevo escalfado y se bañan con la crema.
9. Se sirven inmediatamente.

HUEVOS ESCALFADOS CON CAVIAR

4 huevos escalfados
4 panes de caja, cortados en círculo y tostados
4 cucharadas de mantequilla
½ taza de crema dulce para batir
4 cucharadas de caviar
Sal al gusto

1. Se hacen los huevos escalfados.
2. Se montan sobre un pan tostado cortado en círculo y untado con mantequilla.
3. Se cubren con crema a la que se le habrá añadido caviar y si fuera necesario se añade un poco de sal
4. Se sirven fríos.

HUEVOS ESCALFADOS CON MANTEQUILLA NEGRA

4 personas

100 gramos de mantequilla
4 rebanadas de pan tostado, cortado en ruedas de 7 centímetros de
    diámetro y embarrado con mantequilla
4 huevos escalfados

1. La mantequilla se pone en una sartén y se deja a que tome un bonito color dorado.
2. En un platón caliente se colocan las rebanadas de pan, se les añade un huevo a cada uno y se cubren con la mantequilla.

HUEVOS ESCALFADOS CON MOLE POBLANO

Estos huevos son muy útiles para cuando se tiene un sobrante de salsa de mole poblano. Se hacen los huevos (*ver huevos escalfados*) y unos minutos antes de servirse se cubren con el mole caliente y se acompañan con arroz blanco.

HUEVOS ESTRELLADOS CON FRIJOLES REFRITOS

6 personas

2 tazas de frijoles refritos
½ taza de crema
1 chile poblano en rajas
100 gramos de queso chihuahua o manchego
6 huevos

1. Se precalienta el horno a queso Chihuahua o manchego
2. Los frijoles refritos, que deben tener consistencia de un puré aguado, se ponen en un platón refractario engrasado.
3. Se les añaden la crema, las rajas y el queso rallado.
4. Se estrellan 6 huevos sobre todo esto y se mete al horno precalentado hasta que se cuaje la clara. Aproximadamente 25 minutos.

HUEVOS MOLÉS

Los huevos molés son aquellos que deben quedar con la clara dura y la yema liquida. Son difíciles de lograr, pero son exquisitos y se pueden servir de muchas formas.

Los huevos deben ser muy frescos.

Se ponen en agua hirviendo con mucho cuidado igual que para los huevos tibios. Cuando vuelva a soltar el hervor durante 6 minutos para un huevo mediano o 7 para uno grande. Se retiran entonces del fuego y se meten al agua fría durante 7 minutos.

Se pelan los huevos, sin golpearlos, o pegándoles por todos lados muy cuidadosamente con la parte de atrás de una cuchara, y luego se quita el cascaron poco a poco. Se pueden servir cubiertos con salsa blanca o áspic, o en salsa de tomate, etcétera.

HUEVOS MOLÉS CON ESPINACAS

6 personas

6 huevos
500 gramos de espinacas bien lavadas y picadas burdamente
90 gramos de mantequilla, 1 barrita
1 huevo
1 cucharada de harina
Sal y pimienta
6 rebanadas de pan de caja

1. Se ponen a marchitar las espinacas con 45 gramos de mantequilla, moviendo de vez en cuando, durante 10 minutos.
2. Se bate el huevo con un tenedor.
3. Se mezclan 20 gramos de mantequilla con la harina a que quede una pastita.
4. Se añade poco a poco el huevo a las espinacas y después la harina con la mantequilla.
5. Se mezcla muy bien todo. Se sazona.
6. Se tapa y se deja cocer 5 minutos.
7. Se hacen los huevos molés.
8. Se tuestan el pan y se fríe el resto de la mantequilla.
9. Se pone un huevo en el centro de cada rebanada de pan y se rodea con las espinacas.

HUEVOS REVUELTOS CON ESPÁRRAGOS

4 personas

4 huevos
½ litro de leche
Sal y pimienta
45 gramos de mantequilla, ½ barrita
1 lata de espárragos
4 rebanadas de pan tostado
4 cucharadas de crema

1. Se baten los huevos con la leche, la sal y la pimienta.
2. Se ponen en una sartén con la mantequilla.
3. A media cocción se añaden los espárragos en piezas de 1 centímetro.
4. Se sirven sobre las rebanadas de pan tostado.
5. Se cubren con la crema caliente.

HUEVOS REVUELTOS CON HONGOS

4 personas

10 champiñones medianos rebanados
2 cucharadas de mantequilla
3 huevos
Sal y pimienta
½ taza de crema
1 ½ cucharadas de perejil picadito
4 rebanadas de pan tostado embarradas con mantequilla

1. Se lavan muy bien los champiñones y se secan.
2. Se añaden a la mantequilla derretida y se dejan cocer durante 4 minutos.
3. Se agregan los huevos batidos, sal, pimienta y la crema.
4. Se mueve de vez en cuando.
5. Deben quedar tiernitos.
6. Se agrega el perejil y se sirven inmediatamente sobre el pan tostado.

HUEVOS TIBIOS

Hay varios procedimientos para hacer esa clase de huevos. Voy a enumerar algunos.

Se calcula ½ litro de agua para 2 huevos, y siempre se limpian muy bien los cascarones antes de ponerlos a cocer.

Primer procedimiento. Se meten los huevos en una cacerola con el agua a cubrir. Se pone esto a fuego vivo. Cuando el agua suelta el hervor, los huevos están cocidos.

Se sacan inmediatamente.

Segundo procedimiento. Cuando el agua esté hirviendo plenamente, se meten los huevos con mucho cuidado. Se retira la cacerola inmediatamente del fuego y se mantiene tapada 10 minutos; al transcurrir este tiempo los huevos estarán listos.

Tercer procedimiento. Se pone a hervir el agua en una cacerola, se retira del fuego y se introducen los huevos. Se vuelve a poner en la lumbre, se tapa, se cuentan 3 minutos a partir de que vuelva a soltar el hervor. Si los huevos son muy grandes se dejan 1 minutos más.

TORTILLAS DE HUEVO

Las tortillas de huevo son de forma redonda y plana. Las omelettes se hacen igual pero se doblan en tres partes. Ambas deben quedar secas por fuera y tiernas por dentro.

Para una persona calcule usted 2 huevos, 20 gramos de mantequilla, sal y pimienta.

Se pone una sartén gruesa sobre la lumbre, se añade la mantequilla. Cuando ésta se haya derretido se vierte sobre los huevos batidos ligeramente con la sal y la pimienta. Se vuelve a poner la sartén sobre la lumbre y se deja hasta que esté muy caliente. Se vierten los dos huevos y se mueven constantemente con una cuchara de madera.

A media cocción se voltea la tortilla ayudándose con una tapadera del tamaño de la sartén.

Se deja unos segundos más y se sirve inmediatamente.

Las omelettes no se voltean sino que se doblan al servirlas en el plato.

TORTILLA DE HUEVO A LA CAMPESINA

8 personas

50 gramos de manteca de cerdo o 5 cucharadas de aceite de oliva
100 gramos de cebolla finamente picada
2 dientes de ajo picaditos
300 gramos de chorizo
300 gramos de jamón cocido
300 gramos de papas finamente rebanadas
2 chiles morrones de lata
1 cucharada de perejil picadito
10 huevos

1. En una cacerola se pone la manteca o el aceite.
2. Cuando está bien caliente se le agregan la cebolla y el ajo a que se acitronen.
3. Se añaden entonces el chorizo rebanado y el jamón picadito. Se fríe 1 minuto y se le añaden las papas y el chile morrón en tiras.
4. Cuando está todo bien frito se le añade el perejil y se le quita el exceso de grasa. Se sazona.
5. Los huevos se baten perfectamente, se les agrega lo anterior y se procede a hacer la tortilla de huevo, que debe quedar tiernita.

TORTILLA DE PAPA A LA ESPAÑOLA

6 personas

1 taza de aceite para freír
6 papas medianas peladas y rebanadas en forma irregular
1 cebolla picadita
12 huevos
Sal y pimienta negra recién molida

1. Se pone a calentar el aceite en una sartén.
2. Cuando está bien caliente se le agregan las papas. A media cocción se le añade la cebolla y se sigue friendo hasta que la papa esté medio dorada (más o menos ¾ de hora).
3. Se le quita entonces el exceso de grasa y se mezcla el sofrito con los huevos, que se habrán batido ligeramente con el batidor de alambre.
4. Se sazona con sal y pimienta y se hace la tortilla, cuidándose de voltearla a media cocción deslizándola con una tapadera grande.
5. Debe quedar tiernita.

TORTILLA DE HUEVO CON CALABACITAS

2 personas

4 calabacitas medianas
½ taza de aceite
2 cucharadas de cebolla picadita
4 huevos
Sal y pimienta

1. Las calabacitas bien limpias se parten en ruedas y éstas a su vez en 4 partes.
2. En una sartén bien caliente se agregan las calabacitas.
3. A media cocción se añade la cebolla.
4. Cuando todo está doradito se retira del fuego y se le quita el exceso de aceite.
5. En un plato hondo se baten ligeramente los huevos con sal y pimienta.
6. Se les añade la calabacita y se hace la tortilla.
7. Debe quedar muy delgadita y tierna.

CAPITULO 3

ENTRADAS

ÍNDICE

ARROZ A LA MEXICANA

4 personas

1 taza de arroz de primera
2 ½ cucharadas de manteca de cerdo o 3 de aceite de maíz
¼ de taza de jitomate molido con ½ cebolla y 1 ajo
1 ¾ tazas de consomé de pollo
El jugo de ½ limón
1 rama de apio
1 ramita de perejil

1. El arroz se pone a remojar durante 15 minutos en agua caliente.
2. Se lava y se escurre.
3. Se pone a freír en la manteca o aceite calientes, más o menos durante 15 minutos o hasta que suene como arenita.
4. Se le añade el jitomate molido y colado y se sigue friendo hasta que el jitomate espese y ya no sepa a crudo.
5. Se añaden el consomé, el jugo de limón, el apio y perejil. Se sazona.
6. Cuando suelta el hervor se le baja la lumbre, se tapa y se deja más o menos 20 minutos o hasta que esté cocido.

ARROZ BLANCO

4 personas

1 taza de arroz
½ barrita de mantequilla de 45 gramos
1 cucharada de aceite de oliva
½ cebolla rallada
1 diente de ajo
2 tazas de consomé de pollo
El jugo de 1 limón
1 rama de apio picadita (optativo)
Sal

1. El arroz se pone a remojar en agua muy caliente durante 15 minutos.
2. Se lava. Se escurre.
3. Se pone a freír en la mantequilla y el aceite.
4. Cuando está a medio freír se añaden la cebolla, el ajo entero y el apio.
5. Cuando el arroz suena en la cazuela como si fuera arena se le añaden el consomé y el jugo de limón y sal al gusto.
6. Cuando suelta el hervor, se tapa y se le baja la flama.
7. Se deja cocer a fuego lento más o menos 20 minutos.

ARROZ CON AZAFRÁN Y TUÉTANO

4 personas

3 cucharadas de tuétano cocido
1 cebolla picadita
1 taza de buen arroz remojado en agua caliente y escurrido
2 tazas de consomé de pollo
1 pizca de azafrán
50 gramos de mantequilla
50 gramos de queso parmesano rallado

1. El tuétano se pone a derretir en una cacerola, se le añade la cebolla y se deja acitronar.
2. Se le añade el arroz y se fríe durante más o menos 15 minutos, hasta que suene como arenita.
3. Se le añade el consomé donde previamente se habrá disuelto y colado el azafrán.
4. Cuando suelta el hervor se baja el fuego y se tapa.
5. Ya que está cocido, se le añade la mantequilla y el queso, mezclando bien con un tendor.
6. Se sirve inmediatamente.

ARROZ CON COCO

6 personas

1 taza de buen arroz
5 cucharadas de aceite de maíz
200 gramos de coco fresco rallado
100 gramos de nueces enteras picadas toscamente
Sal
45 gramos de mantequilla ½ barrita
1 taza de agua de coco
1 taza de consomé de pollo

Para la salsa
3 jitomates medianos
1 cebolla pequeña
1 cucharadita de azúcar
Sal y pimienta al gusto

1. El arroz se pone a remojar durante 15 minutos en agua muy caliente.
2. Se escurre y se fríe en el aceite más o menos durante 15 minutos.
3. Se le añaden el coco, las nueces, la mantequilla, el agua de coco y el consomé, se sazona y cuando suelta el hervor se baja la flama y se tapa la cacerola.
4. Se deja a cocer a fuego lento durante más o menos 20 minutos o hasta que esté cocido.

La salsa
1. Se muelen los jitomates con la cebolla el azúcar , sal y pimienta.
2. Se ponen a cocer en una cacerolita pequeña.
3. Se cuela. La salsa deberá quedar especita.
4. Se acompaña con la salsa

ARROZ CON CHILE ANCHO

8 personas

4 cucharadas de manteca de cerdo o de aceite de maíz
2 tazas de arroz remojado 15 minutos en agua caliente y lavado
6 chiles anchos, desvenados, remojados en agua hirviendo 5 minutos y licuados con ¼ de taza de agua done se remojaron
¼ de cebolla mediana
2 dientes de ajo
3 ½ tazas de consomé de pollo más o menos
Sal
2 Plátanos machos, rebanado y frito

1. Se pone a calentar la manteca, o el aceite y se le añade el arroz bien escurrido.
2. Ya que está bien frito y suena como arenita.
3. Se le agrega el chile colado, se fríe durante 5 o 6 minutos y se le añade el consomé.
4. Cuando suelta el hervor se baja el fuego, se tapa y se deja así hasta que esté cocido.
5. Si necesita más consomé, se le añade muy poco a poco.
6. Se sirve con plátanos fritos en manteca o aceite y escurridos sobre papel absorbente.

ARROZ CON FRUTAS SECAS

6 personas

1 receta de arroz blanco, cocinado (*Ver receta, Arroz Blanco*)
1 pechuga de pollo, cocida y picada finamente
1 Taza de fruta seca, surtida (pera, durazno, ciruela, manzana, etc)

Para acompañar
1 taza de vinagre de manzana
1 cebolla, finamente picada

1. El arroz blanco se hace según la receta (*ver arroz blanco*) y al momento de agregarle el caldo se le añade una pechuga de pollo cocida y picada finamente.
2. Cuando ya casi está cocido el arroz, se coloca sobre él la fruta seca (peras, duraznos, ciruelas, chabacanos, manzanas) para que se suavice.
3. Una vez listo se coloca la fruta en el fondo de un molde de rosca, se le añade arroz y se voltea sobre el platón.

La salsa
1. Se hace desde el día anterior, mezclando la cebolla picadita y vinagre de manzana.

ARROZ A LA VALENCIANA

8 personas

250 gramos de buen arroz
2 tazas de aceite de maíz
2 cebollas medianas picadas
2 dientes de ajo picados
3 jitomates grandes, asados, pelados y picados
Sal y pimienta
1 litro de consomé
2 chorizos grandes, cortados en 6 partes cada uno
1 pollo tierno, cortado en piezas
1 lata de pimientos morrones, cortados en rajas
100 gramos de chícharos, cocidos
12 hebras de azafran

1. El arroz se pone a remojar en agua hirviendo durante 15 minutos, se lava bien y se escurre.
2. En una sartén se pone a calentar el aceite, se le agrega el arroz y se fríe más o menos durante 15 minutos.
3. Ya que está doradito se le quita el exceso de aceite y se le añaden la cebolla, el ajo y el jitomate, se fríe todo junto durante 4 o 5 minutos
4. Se le añaden la pimienta y el caldo.
5. Cuando empieza a hervir se saca de la lumbre y se pone en una cazuela con los chorizos partidos en 6 partes cada uno, el pollo también partido en 6 partes, los pimientos en tiras, los chícharos previamente cocidos y el azafrán disuelto en 2 o 3 cucharaditas de consomé.
6. Se mete al horno a 170°C durante 1 hora y se sirve muy caliente.

ARROZ MANDARINO

4 personas

1 receta de Arrroz Blanco (ver receta)
1 cebolla, finamente picada
100 gramos de jamón cocido, cortado en tiras finas
100 gramos de champiñones, bien limpios y finamente rebanados
100 gramos de camarón chico cocido, bien lavados y secos
3 cucharadas de aceite
100 gramos de carne de puerco cocida y picada
4 huevos
Sal y pimienta

1. Se hace un arroz blanco con los 250 gramos de arroz y se deja entibiar.
2. Se calienta el aceite en una sartén, se añade la cebolla y se acitrona, se agrega el puerco, el jamón y los champiñones, se deja freír un momento.
3. Se añade al arroz junto con los camarones.
4. Se calienta el horno a 200°C.
5. Se separaran las yemas, se baten a punto de listón y se añaden las claras batidas a punto de turrón se incorporan con mucho cuidado los huevos al arroz.
6. Se sazona todo con sal y pimienta.
7. Se vierte la mezcla en un refractario engrasado con mantequilla y se mete al horno más o menos 25 minutos.
8. No debe quedar reseco.

Se acompaña con salsa de soya aparte para que quien lo desee se sirva al gusto.

BUDÍN DE TAMAL FACILÍSIMO

8 personas

20 tamales desmenuzados
2 pechugas de pollo cocidas y picadas
½ litro de salsa verde
50 gramos de mantequilla
¼ de litro de crema
200 gramos de queso chihuahua rallado

1. En un platón refractario engrasado con mantequilla se coloca una capa de tamal, otra de pollo, salsa, crema y queso y otra de tamal hasta terminar con salsa, crema, queso y mantequilla en trocitos.
2. Se mete al horno precalentado durante 20 minutos y se sirve muy caliente.

Salsa verde

1. Se hace con 20 tomates verdes cocidos en agua con 5 chiles poblanos, licuados, colados y fritos en 1 cucharada de manteca o aceite; se le pone sal al gusto.

Nota: Tambien se puede hacer en una rosca, se desmolda y se baña con la salsa, crema y se espolvorea con queso.

BUDÍN DE ESPÁRRAGOS

8 personas

1 paquete de pan de caja, grande
1 lata grande de espárragos
1 ½ tazas de crema
Sal y pimienta
200 gramos de jamón cocido picadito
200 gramos de queso gruyere rallado

1. Al pan se le quitan las orillas y cada rebanada se parte en dos.
2. A los espárragos se les quitan las puntas.
3. Las colas se muelen en la licuadora con su agua y la crema.
4. Se cuela. Se sazona con sal y pimienta.
5. Se engrasa un molde refractario con mantequilla.
6. Las rebanadas de pan se remojan en la salsa y se van acomodando en el platón, poniendo una capa pan, una de puntas de espárragos, una de jamón y queso y así sucesivamente hsta terminar con crema y queso.
7. Se dejara reposar cuando menos 2 horas.
8. Se mete al horno precalentado a 180°C durante más o menos 25 miutos.

BUDÍN DE TORTILLA CON ELOTE Y RAJAS

6 personas

10 jitomates maduros o 750 gramos
1 cebolla mediana
1 cucharada de manteca de cerdo o de aceite de maíz para freír el jitomate
Sal y pimienta
2 docenas de tortillas chicas
Aceite para freír las tortillas
¼ litro de crema natural
1 ½ pechugas de pollo cocidas y desmenuzadas
3 chiles poblanos asados, pelados y desvenados cortados en rajas
200 gramos de queso panela cortado en rebanada
3 elotes cocidos y desgranados

1. El jitomate se muele con la cebolla, se cuela y se pone a freír con las 2 cucharadas de manteca o aceite.
2. Ya que espesa un poquito y no sabe a crudo, se saca de la lumbre y se sazona con sal y pimienta.
3. Las tortillas se pasan por el aceite muy caliente y se escurren sobre papel absorbente.
4. Se van acomodando en un platón refractario engrasado.
5. Se pone una capa de tortillas, una de salsa de jitomate, otra de crema, otra de pollo, rajas de queso, elote y así sucesivamente hasta acabar con salsa, crema y queso.
6. Se mete al horno precalentado a 170°C durante 25 minutos.
7. Debe cuidarse para que no se reseque.

BUDÍN DE TORTILLA CON SALSA VERDE Y FRIJOLES REFRITOS

4 personas

10 tortillas grandes cortadas en 4 triángulos cada una
1 ½ tazas de crema natural
100 gramos de queso Chihuahua o gruyere rallado
2 tazas de frijoles refritos secos
Manteca para freír las tortillas
1 ½ kilogramos de tomate verde
3 chiles serranos
3 cucharadas de manteca o de aceite de maíz
3 dientes de ajo

1. Las tortillas se pasan por manteca o aceite con sal, debiendo quedar suaves y se escurren sobre papel absorbente.
2. En un platón refractario redondo se pone salsa y 2 cucharadas de crema, luego una capa de tortillas, una de salsa, una de queso, hasta terminar con tortillas.
3. Se mete al horno caliente 15 minutos y se voltea sobre un platón redondo.
4. Se baña con la crema caliente, se adorna alrededor con frijoles refritos y se sirve muy caliente; debe quedar como un pastel.

Salsa
1. Los tomates se ponen a cocer con los chiles y poco de agua.
2. Ya que están cocidos se muelen y se fríe esa salsa en las 3 cucharadas de manteca o aceite , donde se habrán frito y retirado los 3 dientes de ajo.
3. Se deja hervir unos minutos.

CANELONES DE POLLO

4 personas

16 canelones
1 cebolla mediana
90 gramos de mantequilla, 1 barrita
1 pechuga de pollo cocida y picada
Sal y pimienta
¼ de litro de crema
50 gramos de queso parmesano rallado
3 jitomates
1 cucharada de aceite de oliva
1 cucharada de orégano
1 hoja de laurel

1. Se precalienta el horno a 180°C.
2. Los canelones se ponen a cocer en agua hirviendo de 7 a 8 minutos.
3. Se pica la cebolla muy finamente y se fríe en 45 gramos de mantequilla.
4. Cuando está transparente se añade el pollo, sal y pimienta y se fríe unos minutos.
5. Se rellenan los canelones, se acomodan en un refractario engrasado.
6. Se cubren con salsa y crema, se espolvorean con queso, se meten al horno caliente unos minutos hasta que gratinen y se sirven.

Salsa
1. Los jitomates se muelen con la otra ½ cebolla y se cuelan.
2. Se fríen en 45 gramos de mantequilla y 1 cucharada de aceite de oliva, se les añaden las hierbas de olor, se salpimientan y se dejan espesar un poquito hasta que adquiera buena consistencia.

CREPAS A LA MEXICANA

6 personas

Para las crepas
50 gramos de mantequilla derretida
6 huevos
¾ de taza de harina cernida
1 ½ tazas de leche
¼ taza de cerveza
40 gramos de mantequilla para el sartén
Sal

Para el relleno
50 gramos de mantequilla
½ de litro de crema natural
100 gramos de queso gruyere o Chihuahua
75 gramos de mantequilla para gratinar
1 cebolla picada
4 chiles poblanos y cortados en tiritas finas
2 manojos de flor de calabaza limpia y picada
4 elotes tiernos desgranados
4 calabacitas picadas
½ taza de leche
Sal y pimienta

Crepas
1. Se precalienta el horno a 175°C.
2. Se mezclan todos los ingredientes y se deja reposar la pasta en el refrigerador durante una hora (esto no es obligatorio pero salen mejor las crepas).
3. En una sartén chiquita se van haciendo las crepas, vertiendo 1 cucharada grande y cuidando de engrasarla de vez en cuando con mantequilla y de que las crepas salgan delgaditas.

4. Se rellenan y se van poniendo en un plato refractario engrasado: una capa de crepas y otra de crema, queso y trocitos de mantequilla y así sucesivamente hasta terminar con la crema, el queso y la mantequilla.
5. Se mete al horno caliente a gratinar y se sirve inmediatamente.

Relleno

1. En 50 gramos de mantequilla se fríen las cebollas hasta que se acitronen, se les añaden los chiles, la flor de calabaza, los elotes, las calabacitas, la leche, sal y pimienta.
2. Se deja en la lumbre hasta que las verduras estén cocidas y la leche se consuma.
3. Con esto se rellenan las crepas.

CREPAS DE CUITLACOCHE

8 personas

24 crepas saldas (*ver crepas saladas*)
2 kilogramos de cuitlacoche
2 cucharadas de mantequilla (50 gramos)
1 cebolla mediana picadita
2 chiles serranos picaditos
Sal y pimienta
1 litro de salsa blanca (*ver salsa blanca para verduras*)
2 chiles poblanos asados y desvenados molidos con la leche que se va a
    emplear para la salsa blanca.
200 gramos de queso gruyere o Chihuahua

1. Se precalienta el horno a 175°C.
2. El cuitlacoche se limpia muy bien quitándole los pelitos de elote que puede traer.
3. En una sartén se pone a acitronar la cebolla en la mantequilla, se le agrega el chile serrano y el cuitlacoche picado.
4. Se fríe muy bien todo hasta que se cuece el último.
5. Se sazona con sal y pimienta y con esto se rellenan las crepas.
6. Se acomodan en un platón refractario engrasado con mantequilla.
7. Se cubren con la salsa blanca y con el queso rallado, por capas, hasta terminar con queso.
8. Se meten al horno precalentado durante 25 minutos.

CREPAS VERDES CON JAMÓN Y QUESO

8 personas

24 crepas de espinacas (ver crepas de espinacas)
350 gramos de jamón cocido picado
300 gramos de queso gruyere o manchego rallado
¼ litro de crema
Salsa de jitomate para 8 personas (*ver salsa de jitomate # 1*)
Sal

1. Se precalienta el horno a 175°C.
2. Se rellenan las crepas con el jamón, el queso y la crema mezclada con la salsa de jitomate.
3. Se van acomodando en un platón refractario engrasado con mantequilla.
4. Se bañan con el resto de la salsa y la crema y se espolvorean con el resto del queso rallado.
5. Se meten al horno precalentado, durante 20 o 25 minutos para que gratinen.

ENCHILADAS POBLANAS

6 personas

20 tortillas chicas
5 chiles anchos
¼ litro de leche caliente
8 tomates verdes
100 gramos de queso añejo
¼ litro de crema
1 huevo
100 gramos de manteca o ½ taza de aceite de maíz
1 cebolla cortada en rodajas finas
1 manojito de rábanos
1 lechuga
1 chorizo
½ cebolla picadita
350 gramos de papas

1. Los chiles se desvenan, se remojan en leche y se muelen con los tomates cocidos, la mitad del queso, sal la leche en que se remojaron.
2. Se les agrega la crema y el huevo, y en esta salsa se mojan las tortillas, se fríen en manteca o aceite calientes, se rellenan, se enrollan, se espolvorean con el resto del queso y se adornan con rodajas de cebolla, los rabanitos recortados y la lechuga picada muy finamente.

Relleno
1. Se fríe primero el chorizo en 1 cucharada de manteca o aceite.
2. Se retira y en esa grasa se fríen la cebollas y las papas, cocidas y picadas; al final se vuelve a añadir el chorizo.

ESPUMA DE AGUACATE

8 personas

4 aguacates
½ taza de mayonesa
¼ de litro de crema natural
1 o 2 cucharadas de cebolla rallada
Sal y pimienta
2 sobres de gelatina natural (2 cucharadas)
½ taza de agua fría
1 taza de agua caliente

1. Los aguacates se pelan y se pasa por una coladera.
2. El puré que resulta se mezcla con la mayonesa, la crema, la cebolla, sal y pimienta.
3. La gelatina se pone a remojar unos minutos con el agua fría.
4. Luego se mezcla con el agua bien caliente y una vez que se disuelve se le añade a lo anterior.
5. La espuma se vierte en un molde de corona y se mete a cuajar al refrigerador.

Se sirve con camarones o atún a la vinagreta.

FABADA

6 personas

1 kilogramo de alubias
1 cebolla mediana partida en cuatro
Taza de aceite
Agua a cubrir
125 gramos de jamón tipo serrano rebanado en bastoncitos de 1
centímetro
150 gramos de tocino cortado grueso y en bastoncitos
225 gramos de morcilla rebanada en trozos de 3 centímetros
225 gramos de chorizo en trozos de 2 centímetros
Una hebras de azafrán
Sal

1. Las alubias se remojan desde el día anterior.
2. Se les cambia el agua por agua fría, se ponen sobre el fuego y cuando van a soltar el hervor se les vuelve a cambiar el agua por agua fría.
3. Se les añade entonces la cebolla y el aceite.
4. Cuando se establezca el hervor se agregan el jamón, tocino, morcilla, chorizo, azafrán.
5. Se cuecen a fuego lento de 2 ½ a 3 horas conservando el puchero bien tapado y el caldo justo, pero cubriendo siempre las alubias.
6. Cuando están tiernas las alubias se sazonan con sal.
7. Se sirve muy caliente.

GNOCCHIS

6 personas

½ litro de leche
150 gramos de mantequilla
Sal, pimienta y nuez moscada
Sal al gusto
1 taza de harina
4 huevos
175 gramos de queso gruyere rallado
100 gramos de queso parmesano rallado
2 ½ tazas de salsa blanca Núm. 2 (ver salsas)

1. En una cacerola honda se pone a hervir la leche con la mantequilla, sal, pimienta y nuez moscada hasta que suelte el hervor.
2. Se saca del fuego y se le añade toda la harina de un solo golpe. Se mezcla muy bien con un batidor de alambre.
3. Se vuelve a poner sobre la lumbre hasta que se despegue del fondo del cazo y quede una pasta espesa.
4. Se retira de la lumbre se deja enfriar un poco y se le añaden los huevos uno a uno revolviendo bien, hasta que quede una pasta lisa.
5. Se agregan entonces las ¾ partes de los quesos.
6. En una cacerola grande se pone a hervir agua con sal.
7. Se le van añadiendo luego unas cucharaditas de la pasta formando unas bolitas.
8. Se dejan hervir más o menos 4 minutos, o hasta que floten se saca y se escurren en una coladera.
9. Se engrasa un refractario, se acomoda una capa de gnocchis, se cubre con una de salsa blanca y así sucesivamente hasta acabar con la salsa blanca y el resto de los quesos.
10. Se mete a horno precalentado a 170°C a gratinar durante 20 minutos.

PASTEL DE CUITLACOCHE

6 personas

2 ½ kilogramos de cuitlacoche
2 cebollas de rabo
¼ taza de aceite
2 dientes de ajo
2 chiles serranos
3 jitomates pelados, despepitados y picados
Epazote al gusto
¼ kilogramo de queso Chihuahua
1 kilogramo de pasta de hojaldra (se compra en las pastelerías)
1 quesito Oaxaca (250 gramos)

1. Se desgrana el cuitlacoche junto con los granitos de elote que pueda tener.

2. Las cebollas se rallan y se acitronan en el aceite, se les añade el ajo finamente picado y si se desea 2 chiles serranos asados y picaditos.

3. Ya que está todo bien frito se añaden el jitomate y el epazote, se sazona y se deja espesar.

4. El queso Chihuahua se ralla y se le añade a lo anterior.

5. Se saca del fuego y se deja enfriar.

6. Se forra un molde para pay de 22 ½ cm., engrasado con mantequilla, con la mitad de la pasta hojaldrada, extendida muy delgada, se le añade una capa del guisado y se alterna con una de queso Oaxaca, hasta terminar con queso.

7. Se cubre con el resto de la pasta, y se dora con clara de huevo a la que se le habrá añadido una cucharada de agua y se le habrá batido un poquito con un tenedor.

8. Se le hacen dos cortes con la punta de un cuchillo para que salga el vapor.

9. Se mete al horno a 170°C durante más o menos 25 minutos.

PIZZAS INDIVIDUALES EN PAN DE CAJA

1 rebanada de pan de caja medio tostado y sin orillas por pizza
1 cucharada de mantequilla por pizza
1 cucharada de mostaza por pizza
1 rebanada gruesa de queso amarillo por pizza
1 rebanada mediana de jitomate por pizza
1 rebanada de tocino por pizza
1 cucharada de mayonesa por pizza

1. Se precalienta el horno a 170°C.
2. A las rebanadas de pan medio tostadas se les embarran la mantequilla y la mostaza.
3. Sobre esto se pone el queso y el jitomate.
4. La cebolla se mezcla con la mayonesa.
5. Se le pone en forma de sope a lo anterior y se adorna con la rebanada de tocino.
6. Se sazona con sal y se mete al horno precalentado más o menos 15 minutos o hasta que se derrita el queso.
7. Se sirve muy calientes.

QUICHE LORRAINE

6 personas

1 receta de pasta quebrada (*ver receta*)
4 huevos
200 gramos de jamón picadito
150 gramos de queso gruyere rallado
¼ litro de crema dulce
Sal y pimienta al gusto
1 pizca de nuez moscada
1 molde para tarta de 20 centímetros de diámetro

1. Se precalienta el horno a 180°C.
2. Se engrasa el molde y se forra con la pasta.
3. Se pica muy bien la pasta con un tenedor, para que no se infle.
4. Se mete al horno 15 minutos con un papel encerado y frijoles crudos.
5. Se retira el papel y los frijoles, se mezclan los demás ingredientes y se vierten sobre la pasta.
6. Se mete la quiche al horno precalentado más o menos 30 minutos o hasta que cuaje; se deja reposar 5 minutos y se sirve.

SOUFFLÉ DE BERENJENAS

8 personas

1 kilogramo de berenjenas
100 gramos de mantequilla
¼ kilogramo de queso Chihuahua rallado
20 galletas saladas
6 huevos separadas las claras y las yemas
Sal y pimienta
2 cucharaditas de polvo para hornear
¼ litro de crema natural

1. Se precalienta el horno a 170°C.
2. Las berenjenas se pelan, se rebanan y se ponen a desflemar con sal, en una coladera, durante 25 o 30 minutos.
3. Se escurren bien y se secan con papel absorbente.
4. Luego se pican muy finito y se ponen a freír en una cacerola con la mantequilla.
5. Ya que están suaves se quitan del fuego y se vuelven a picar, se les añaden el queso rallado, las galletas molidas, el polvo de hornear, las yemas una a una, sal pimienta y la crema.
6. Las claras se baten a punto de turrón y se incorporan cuidadosamente a lo anterior.
7. Se vierte esta pasta en un molde para soufflé engrasado con mantequilla y se mete al horno precalentado durante 40 minutos.
8. Se sirve inmediatamente.

SOUFFLE DE QUESO

4 personas

1 cucharada copeteada de mantequilla
1 cucharada copeteada de harina
1 taza de leche hirviendo
sal, pimienta y nuez moscada
4 huevos
150 gramos de queso gruyere rallado

1. Se pecalienta el horno a 200°C.
2. En una cacerola se pone a derretir la mantequilla, se le añade la harina y se fríe durante 2 minutos.
3. Se añaden la leche, la sal, la pimienta y la nuez moscada.
4. Se deja a que espese más o menos 2 minutos, mezclando con un batidor de alambre y se retira del fuego.
5. Se deja enfriar un poco, se le añaden las yemas una a una moviendo fuertemente con el batidor de alambre.
6. Se le añade el queso rallado y por último las claras batidas a punto de turrón.
7. Se mete al horno precalentado durante 20 minutos.
8. Debe quedar aguadito en medio.
9. Se sirve inmediatamente para que no se baje.

SOUFFLÉ DE SALMÓN, ATÚN O CUITLACOCHE

6 personas

1 barrita de mantequilla de 90 gramos
5 cucharadas copeteadas de harina
¾ litro de leche caliente
¼ litro de crema
8 huevos
Sal y pimienta
1 lata de 220 gramos de salmón o atún

1. Se precalienta el horno a 200°C.
2. Se hace una salsa blanca poniendo a derretir la mantequilla, añadiéndole la harina y por último la leche, la crema, sal y pimienta. Mezclando con un batidor de alambre.
3. Se deja espesar un poquito y se retira del fuego.
4. Se deja entibiar, se le añaden las yemas una a una, el pescado desmenuzado y por último las claras batidas a punto de turrón.
5. Se mete al horno precalentado durante 35 minutos.
6. Se sirve inmediatamente para que no se baje.

Nota: Se puede hacer de cuitlacoche cambiando el pescado por el relleno de las crepas de cuitlacoche. En este caso se calcula el mismo peso de cuitlacoche guisado.

TARTA DE CEBOLLA A LA FRANCESA

8 personas

Pasta
2 tazas de harina cernida
1 cucharada de azúcar glass
½ cucharada de sal
10 cucharadas de mantequilla
5 cucharadas de agua fría

Relleno de cebolla
3 tazas de cebolla finamente picada
3 cucharadas de mantequilla
1 cucharada de harina
¾ cucharada de sal
1 cucharada de pimienta
3 huevos
½ taza de leche
½ taza de crema espesa
½ cucharada de nuez moscada

1. Se precalienta el horno a 190°C.
2. Se hace un círculo en la mesa con la harina, el azúcar y la sal cernidas juntas, se añade la mantequilla mezclándola con la punta de los dedos a que quede del tamaño de chicharitos.
3. Se añade el agua hasta que pueda hacer una bola con la pasta.
4. Se envuelve en papel encerado y se mete al refrigerador 1 hora.
5. Se extiende con el rodillo a un grueso de ½ centímetro y se forra con ella un molde de 25 centímetros de diámetro.
6. Se pica la pasta con un tenedor para que no se hagan bolsas a la hora del cocimiento y se guarda en el refrigerador hasta que se vaya a usar.
7. Se rellena el molde con la mezcla de cebolla.
8. Se hornea en el horno precalentado de 25 a 30 minutos.
9. La tarta está lista cuando está esponjada.

10. Se deja reposar 5 minutos y se sirve.

El relleno

1. Se acitrona la cebolla en la mantequilla, pero no la deje dorar.
2. Se enfría ligeramente. Se añade la harina, la sal y la pimienta, los huevos, la leche y la crema.

TIMBAL DE QUESO CON SALSA DE HONGOS

12 personas

6 cucharadas de mantequilla
8 cucharadas de harina
1 lata pequeña de leche evaporada
1 taza de leche
600 gramos de queso gruyere rallado
12 huevos separadas yemas y claras
Sal y pimienta
Pan rallado
½ kilogramo de hongos rebanados
1 cucharada de mantequilla
1 taza de crema

1. Se precalienta el horno a 180°C.
2. Se derriten 6 cucharadas de mantequilla y se añade la harina; se agrega la leche evaporada y la taza de leche poco a poquito, moviendo con un batidor de alambre sin parar, hasta que espese.
3. Se agrega el queso moviendo hasta que se derrita.
4. Se retira la salsa del fuego , se deja enbiar un pocoy se añaden las yemas.
5. Se sazona con sal y pimienta.
6. Se baten las claras a punto de turrón.
7. Se incorporan a la salsa con cuidado.
8. Se engrasa un molde de budín o de flan con mantequilla. Se espolvorea con pan rallado.
9. Se vierte en él la salsa.
10. Se pone a baño María. (Que el agua no llegue más arriba de ½ traste) a horno precalentado durante 1 hora o hasta que cuaje, se prueba metiendo un palillo en el centro y que este salga limpio.
11. Se saca del agua, se deja reposar 5 minutos.
12. Se voltea sobre un platón caliente. Se baña con la salsa.

Salsa

1. Se ponen los hongos bien limpios con un pedacito de mantequilla en una cacerola.
2. Se tapa.
3. Se dejan cocer 10 minutos.
4. Se añade la crema.
5. Se sazonan con sal y pimienta.

TORTA DE ELOTE

6 personas

100 gramos de mantequilla
½ taza de azúcar
4 elotes grandes no muy tiernos
1 cucharada de polvo de hornear
4 huevos reposados
1 pizca de sal

Salsa
4 chiles poblanos
1 cebolla rebanada
45 gramos de mantequilla
½ litro de crema
Sal y pimienta

1. Se bate la mantequilla con el azúcar, y se le agregan los elotes molidos en crudo, las yemas una por una, el polvo de hornear, la sal y las claras batidas a punto de turrón.
2. Se vacía en u molde redondo engrasado y se mete al horno precalentado a 180°C durante más o menos 25 minutos.

Salsa
1. Los chiles se asan, se pelan, se desvenan y se parten en rajas finitas.
2. La cebolla se rebana en ruedas delgaditas y se fríe en la mantequilla.
3. Ya que está acitronada se le agregan las rajas, se fríen éstas un momentito y se añade la crema.
4. Se sazona todo con sal y pimienta y se deja que suelte el hervor.

CAPITULO 4

PESCADOS Y MARISCOS

ÍNDICE

AGUACATES RELLENOS DE CEVICHE LAURA

8 personas

4 aguacates maduros partidos a la mitad y deshuesados

Para el ceviche
800 gramos o 1 ½ tazas de pescado blanco de Nilo, o si lo prefiere guachinango, cortado en cubos pequeños
½ taza de jugo de limón, recién exprimido
1 taza de jugo de clementina o de mandarina, recién exprimida
1 taza de jícama cortada en cubos pequeños
½ taza de elote amarillo de lata, bien escurrido
4 cucharadas de cilantro, desinfectado y picado
3 cucharadas de cebolla morada , finamente picada
6 cucharadas de aguacate picado
2 cucharadas de salsa cátsup
2 cucharaditas de aceite de oliva
Salsa de chile habanero al gusto
Sal al gusto

1. Los aguacates se vacían con mucho cuidado y la pulpa se pica en cubos pequeños. Se apartan las cáscaras de aguacate para rellenarlas después.
2. En un recipiente de vidrio se pone el pescado con los jugos.
3. Se deja reposar de 2 a 3 horas en el refrigerador o hasta que tome un tinte opaco.
4. Se añaden entonces el resto de los ingredientes y se mezcla muy bien.
5. Se deja reposar en el refrigerador por lo menos 30 minutos antes de servirlo.
6. Se rellenan las cáscaras de los aguacates con el ceviche.
7. Se adorna con los cubitos de aguacate que sobraron.

CAMARONES A LA CRIOLLA

4 a 6 personas

100 gramos de mantequilla
1 cebolla mediana picadita
2 o 3 chiles serranos picaditos
3 dientes de ajo picaditos
Sal y pimienta
1 kilogramo de camarones grandes, crudos, pelados y limpios, dejándoles
    la colita
3 jitomates maduros de tamaño mediano, pelados, sin semilla y picados
10 cebollitas de cambray cocidas
¼ litro de crema dulce más o menos

1. En la mantequilla se pone a freír la cebolla, y ya que está acitronada se le añaden , el chile, el ajo, sal y pimienta.
2. Se añaden los camarones se fríe durante 4 minutos y se retiran de la cacerola con una cuchara perforada.
3. Se añade el jitomate; se deja todo sobre la lumbre hasta que este último esté cocido.
4. Se añaden entonces los camarones, las cebollitas de cambray y la crema poco a poco para que no quede muy aguado.
5. Se deja cocer 2 minutos más y se retira de la lumbre.

Nota: Se sirve con arroz blanco.

CAMARONES A LA PROVENZAL

4 personas

24 camarones grandes, pelados, dejándoles la colita
100 gramos de mantequilla
4 cucharadas de aceite de oliva
1 ramillete hecho con 3 o 4 ramitas de perejil, una ramita de tomillo y una
   hoja de laurel
2 cabezas de ajo, peladas y finamente picadas
3 cucharadas de perejil picado
8 jitomates medianos, pelados, despepitados y cortados en cubos
Sal y pimienta
2 cucharaditas de puré de jitomate
4 cucharadas de agua caliente

1. Se ponen a freír los camarones en una cacerola con la mantequilla
   y el aceite.
2. Cuando enrojecen se les añaden el ramillete, el ajo y el perejil ,
   el jitomate, la sal, la pimienta y el puré de jitomate disuelto en el
   agua caliente.
3. Se deja cocer de 6 a 8 minutos y se sirve muy caliente.
4. Antes de servirse se le quita el ramillete.

Nota: Este platillo se acompaña con arroz blanco.

CAMARONES AL CURRY

Se hacen igual que el pollo, al curry (*ver pollo al curry*) sólo que en lugar de consomé se les agrega el agua donde se cocieron los camarones. Calcule usted 1 kilogramo de camarones para 4 o 5 personas.

CAMARONES EN SALSA NEGRA

4 personas

¾ de kilogramo de camarones grandes crudos pelados
100 gramos de mantequilla
El jugo de 1 limón
1 taza de vino tinto
2 cucharadas de salsa inglesa
4 jitomates medianos, asados, pelados y despepitados
1 latita de trufas, las cuales se pondrán a dar un hervor con 2 cucharadas
 de agua más la que ellas traen
1 cucharadita de mostaza
2 cucharaditas de azúcar
Sal
2 cucharaditas de vinagre de vino
1 cebolla mediana, partida en cuatro
2 cucharadas de aceite de oliva
Sal y pimienta al gusto

1. La mantequilla se pone en una sartén sobre la lumbre hasta que tome un color avellana.
2. Se le agrega entonces el limón, el vino y la salsa inglesa. Se deja hervir unos minutos.
3. Los jitomates se muelen con las trufas y el agua de las mismas, la mostaza y el azúcar.
4. Se agregan el vinagre y la cebolla partida en cuatro y se fríe todo en el aceite de oliva hasta que espese el jitomate.
5. Se cuela.
6. Se mezcla la salsa de mantequilla, se y se deja hervir por 20 minutos más o menos.
7. Se añaden los camarones y se deja hervir 7 minutos má o hasta que estén cocidos.
8. Si queda ácido se le añade un poquito de azúcar.

Nota: Se sirven en corona de arroz o con un buen puré de papas.

Si no tiene trufas, puede remplazarlas por 1 cucharada de sal de trufa.

CAMARONES EN VINO TINTO

4 a 6 personas

¼ taza de aceite de maíz
2 dientes de ajo
½ kilogramo de cebolla picadita
2 kilogramos de jitomate molido y colado
3 tazas de vino tinto
Sal al gusto
1 cucharada de azúcar
1 cucharada de vinagre de vino
1 kilogramo de camarones frescos, crudos, pelados, dejándoles la colita y
    limpios
100 gramos de mantequilla
el jugo de 1 limón

1. Se ponen a requemar en el aceite los 2 dientes de ajo. Se retiran.
2. Se añade la cebolla a que se acitrone, después el jitomate se deja freír hasta que espese, y ya no sepa a crudo.
3. Se le agrega el vino tinto, la sal, el azúcar y el vinagre.
4. Se deja espesar un poco más y se le añaden los camarones.
5. Se deja sazonar de 4 a 6 minutos.
6. Antes de servirse se bate la mantequilla; cuando está muy espumosa se le añade el jugo de limón y se mezcla todo con los camarones.
7. Se sirve inmediatamente.

CEVICHE AL ESTILO DE "LA MORENA"

8 personas

1 kilogramos de filete huachinango o de robalo muy bien lavado
20 limones, su jugo
8 jitomates chicos o 6 medianos pelados y sin semilla
1 manojo grandes de cilantro picado
1 cebolla mediana picadita
1 taza de salsa catsup
½ taza de aceite de oliva
Sal y pimienta
1 lata de chiles serranos en escabeche

Para acompañar
Totopos

1. Los filetes de pescado se cortan en cuadritos quitándoles todo lo que pueda verse negro o rojizo.
2. Se ponen en el jugo de los limones durante 1 hora.
3. Se lava muy bien el pescado para quitarle el exceso de sabor a limón.
4. Se mezcla con los demás ingredientes menos los chiles.
5. Se sazona con sal y pimienta y el escabeche de los chiles, poniendo estos últimos en un platito aparte para que cada quien se los sirva al gusto.
6. Se deja reposar el ceviche 20 minutos en el refrigerador.
7. Se sirve acompañado de tortillitas o totopos.

ENSALADA DE ATÚN O BONITO

4 personas

1 lata de 196 gramos de bonito o atún, bien escurrida
½ taza de apio picado finamente
⅓ taza de pepinillos dulces picados finamente
½ taza de mayonesa
1 pizca de pimienta
Unas hojas de lechuga, bien lavadas, desinfectadas y secas
Pimentón para decorar

1. Se mezclan todos los ingredientes revolviéndolos cuidadosamente con un tenedor.
2. Se sirve sobre hojas de lechuga y se espolvorea con pimentón rojo.

ESPUMA DE PESCADO

½ kilogramo de filete de huachinango bien limpio y picado
3 claras de huevo
Sal y pimienta
2 ½ tazas de crema dulce
2 tazas de salsa blanca para pescado (ver *salsa blanca espesa*)
4 yemas
El jugo de ½ limón

1. Se precalienta el horno a 200°C.
2. Se mezcla el pescado crudo con las claras sin batir y se muelen las dos cosas juntas en el procesador de alimentos.
3. Se le añade sal, pimienta y una taza de crema sin batir.
4. Se bate otra taza de crema dulce y cuando está bien espesa se le añade a lo anterior revolviendo con mucho cuidado.
5. Se vierte en un molde engrasado y se pone a baño María en el horno precalentado, hasta que cuaje. Teniendo buen cuidado de tapar el molde con papel aluminio y que el agua no llegue más arriba que la mitad del molde.
6. Se tarda más o menos de 50 a 60 minutos.
7. Una vez listo se desmolda y se baña con la salsa.

La salsa

1. Se mezcla la salsa blanca con la ½ taza restante de la crema dulce, se le añaden las yamas batidas y el jugo de limón.
2. Se pone a calentar sobre la lumbre suave, teniendo mucho cuidado que no hierva.

FILETES DE PESCADO CON LECHE

4 personas

4 rebanadas de filetes de pescado gruesos de 180 gramos, cada uno bien
    lavado y seco
1 ½ tazas de leche
Sal y pimienta
1 ½ o 2 tazas de pan molido
90 gramos de mantequilla para freír más 2 cucharadas de aceite

1. El pescado se pone a remojar en la leche, a la que se le habrá
    añadido sal y pimienta, durante 1 ½ horas.
2. Se escurre, se le añade sal y pimienta, se pasa por el pan molido.
3. Se fríe a fuego medio en la mantequilla mezclada con el aceite
    a fuego medio, hasta que el pescado estén bien cocido y el
    empanizado de un bonito color dorado.

Nota: Se sirve acompañado de salsa tártara (*ver salsa tártara*).

FRITURAS DE CAMARÓN

4 o 5 personas

1 taza de harina cernida
½ cucharadita de sal
1 huevo ligeramente batido
2 cucharadas de aceite de oliva o de maíz
1 kilogramo de camarones crudos, pelados y sin la vena negra, dejándoles
    la colita y bien lavados
Aceite de maíz para freír

1. Se mezclan todos los ingredientes menos los camarones, batiendo para que no queden grumos.
2. Se secan los camarones muy bien.
3. Se meten en la pasta y se fríen en bastante aceite muy caliente hasta que tomen un bonito color dorado.

Nota: Se sirven acompañados de una salsa mayonesa a la que se le añadirá un poquito de salsa inglesa y salsa catsup.

Se adornan con perejil frito en aceite.

FRITURAS DE OSTIÓN

6 personas

1 ½ tazas de ostiones, bien escurridos
2 huevos
1 taza de leche
2 tazas de harina
2 cucharaditas de polvo para hornear
½ cucharadita de sal
Aceite para freír

1. Se pican los ostiones.
2. Se hace la pasta mezclando los demás ingredientes, batiendo bien para que no se hagan grumos.
3. Se mezcla los ostiones con la pasta.
4. Se pone a calentar el aceite de guisar hasta que esté bien caliente.
5. Se añade al aceite caliente cucharadas de pasta y se deja hasta que esté doradita.
6. Se escurren las frituras en papel absorbente y se sirven inmediatamente.

HUACHINANGO A LA VERACRUZANA

6 personas

1 huachinango de 1 ½ kilogramo o 2 de 750 gramos cada uno
El jugo de limón
Sal y pimienta
20 aceitunas deshuesadas, de preferencia rellenas con pimiento morrón
1 cucharada de alcaparras
6 chiles jalapeños en escabeche
1 cebolla mediana rebanada
2 cucharaditas de orégano
1 ramita de mejorana
1 ramita de tomillo
1 hoja de laurel
2 dientes de ajo
3 ramitas de perejil
3 ramitas de cilantro
4 jitomates medianos
½ taza de aceite de oliva
6 papas cocidas, rebanadas y fritas en manteca, o aceite
Chiles jalapeños en escabeche

1. Se lava muy bien el huachinango y se remoja más o menos 15 minutos en agua con limón y se seca.
2. Se coloca en un refractario y se le pone sal y pimienta.
3. Se le agregan las aceitunas, las alcaparras, las hierbas de olor, los ajos, el perejil, el cilantro y se cubre con rebanadas de jitomate sin pelar y con las rebanadas de cebolla.
4. Se baña con el aceite de oliva y se mete al horno precalentado a 200°C durante 40 minutos.
5. Durante la cocción debe bañarse con su misma salsa dos o tres veces.
6. Se sirve rodeado con las papas y con los chiles en escabeche (éstos también se le pueden añadir antes de meterlo al horno con dos cucharadas de su escabeche).

HUACHINANGO EN CILANTRO

8 personas

6 tazas de cilantro picado
1 cebolla grande rebanada en ruedas
3 chiles jalapeños o al gusto en escabeche cortados en ruedas
3 tazas de aceite de maíz
Sal y pimienta
1 huachinango de 1 ½ kilogramo bien limpio

1. Se precalienta el horno a 200°C.
2. En un platón refractario se hace una cama con tres tazas de cilantro, la mitad de la cebolla, la mitad de los chiles, la mitad de aceite. Se le agrega sal y pimienta.
3. Sobre esto se coloca el pescado y se cubre con otra capa de los mismo.
4. Se mete al horno precalentado durante más o menos 30 minutos, cuidando durante la cocción de bañarlo con su misma salsa. Para saber si ya está listo, se pica ligeramente con un tenedor, por un costado y si la carne se desprende fácilmente, el pescado está cocido.

Nota: Se sirve con papas al vapor.

En lugar de un pescado entero también se puede hacer con filetes de pescado.

HUACHINANGO EN FRÍO

6 personas

1 huachinango de 1 ¼ kilogramo untado con jugo de limón
3 limones
Sal y pimienta
1 zanahoria cruda
1 cebolla rebanada en ruedas
Hierbas de olor (tomillo, orégano, mejorana, laurel)
2 tazas de mayonesa hecha en casa *(ver salsa mayonesa)*
4 zanahorias grandes cocidas y cortadas en cuadritos
2 betabeles grandes cocidos y cortados en cubitos
2 papas grandes cocidas y cortadas en cubitos
1 taza de chícharos cocidos
¾ taza de vinagreta *(ver salsa vinagreta)*

1. Se precalienta el horno a 200°C.
2. El pescado se lava muy bien por dentro y por fuera y se salpimienta.
3. Se pone en un refractario con agua (que cubra medio pescado), una zanahoria cruda en rebanadas, la cebolla, las hierbas de olor y el jugo de los limones.
4. Se mete al horno precalentado a 200°C más o menos 40 minutos o hasta que esté cocido.
5. Se saca y se deja enfriar.
6. Se le quita la piel cuidadosamente y se cubre con la salsa mayonesa.
7. Se adorna poniendo alrededor del platón las verduras, a las que se les habrá añadido la salsa vinagreta.

Éstas no deben mezclarse sino ponerse en montoncitos separados.

HUACHINANGO O ROBALO EN VERDE

6 personas

1 pescado de 1 ¼ kilogramos
2 corazones de lechuga para adornar

Para la mayonesa verde
Sal y pimienta
250 gramos de espinacas
50 gramos de acelgas
50 gramos de berros
1 yema de huevo crudo
el jugo de ½ limón
1 cucharadita de mostaza
½ taza de aceite
1 yema de huevo cocida
1 ramita de perejil picadito
1 ramita de estragón fresco o 1 cucharadita de estragón seco

1. El pescado se pone a cocer sobre la lumbre a fuego muy lento en agua de sal, durante 30 o 40 minutos.
2. Una vez cocido se deja enfriar y se le quita la piel con mucho cuidado. Se cubre con la mayonesa verde y se adorna con la lechuga.

Salsa
1. Se le quitan las ramitas a todas las verduras.
2. Se lavan y se echan en agua ría a cubrir.
3. Se ponen sobre la lumbre hasta que suelten el hervor.
4. Se escurren muy bien. Se pican, se licuan y se pasan por la coladera.
5. Se hace una mayonesa con la yema cruda, el jugo de limón, la mostaza. Añadiendo poco a poco el aceite y moviendo sin cesar con un batidor de alambre.

6. Se le agregan luego las verduras molidas en forma de puré espeso, la yema cocida bien molida, el perejil, el estragón, sal y pimienta.
7. Se pone a enfriar en el refrigerador.

Nota: También se puede hacer en lugar de con un pescado entero con filetes de pescado.

JAIBAS EN SU CONCHA

10 personas

3 dientes de ajo
½ taza de aceite de maíz
½ cebolla picadita
5 jitomates pelados y picados
1 cucharada de perejil picadito
3 chiles poblanos asados, desvenados y partidos en rajas finas
Sal y pimienta
2 kilogramos de carne de jaiba cocida, desmenuzada y bien lavada
Conchas para rellenar
Pan molido
50 gramos de mantequilla

1. Se precalienta el horno a 175°C.
2. Los ajos se ponen a requemar con el aceite. Ya que están bien dorados se retiran y se añade la cebolla para que se acitrone.
3. Se agrega entonces el jitomate, las rajas, sal y pimienta.
4. Ya que está todo bien frito se le añaden las jaibas y se deja hervir 10 minutos.
5. Se rellenan las conchitas, se espolvorean con el pan molido, se les pone un poquito de mantequilla y se meten al horno precalentado más o menos 10 minutos.

Nota: También se puede hacer con filete de pescado cocido y desmenuzado.

LANGOSTA, MANERA DE COCERLA Y DE PARTIRLA

El tiempo que debe cocerse una langosta depende de su tamaño y de su peso, variando de 12 a 15 minutos. Se pone a cocer *viva* atada con un cordoncito en una cacerola que ya tenga agua hirviendo.

En el momento de meter la langosta se añadirá una hoja de laurel, tomillo, perejil, sal y un chorrito de vinagre. Terminada la cocción se rocía el crustáceo con agua fría corriente y se deja reposar hasta que se enfría por completo.

Para partirla se pone sobre una mesa, en su posición natural y se divide en dos partes a lo largo, usando un cuchillo grande, agudo y afilado.

Así dividida se va separando la carne del caparazón, se corta en pedazos y se vuelve a colocar como estaba.

LANGOSTA QUICHE

4 a 6 personas

1 molde para pay de 23 centímetros de diámetro de pasta quebrada salada ya cocida (*ver pasta quebrada salada*)
4 huevos
1 ½ tazas de crema espesa
1 ½ tazas de carne de langosta cortada en cuadros y cocida
Sal y pimienta al gusto
1 cucharadita de estragón
1 cucharada de coñac o de jerez
1 pizca de páprika

1. Se precalienta el horno a 170°C.
2. Se engrasa el molde de 20 centímetros y se forra con la pasta.
3. Se mete al horno 15 minutos con un papel encerado y frijoles crudos. Se retira el papel y los frijoles.
4. Se mezclan todos los ingredientes. Se vierten en el molde y se mete al horno precalentado durante más o menos 30 minutos o hasta que esté bien cuajado el relleno.

Nota: También se puede hacer de camarones y sazonar con un poco de polvo de curry en lugar de estragón o con 2 cucharadas de cebolla picadita frita.

LENGUADO CON CHAMPIÑONES

4 personas

2 lenguados de 500 o 600 gramos cada uno
1 zanahoria partida a lo largo en cuatro pedazos
Sal
½ cebolla rebanada
1 rama de apio
1 diente de ajo
1 ramita de perejil
1 hoja de laurel
500 gramos de champiñones lavados y escurridos
5 cucharadas de mantequilla
El jugo de ½ limón
2 cucharadas copeteadas de harina
1 ½ tazas de caldo donde se coció el pescado
4 cucharadas de crema espesa
Sal y pimienta

1. Los pescados se lavan muy bien y se ponen sobre la lumbre en un traste con agua fría a la mitad, la zanahoria, sal y las demás verduras menos los champiñones.
2. Cuando el caldo comience a hervir los pescados ya deben estas cocidos, si no se dejan unos minutos más.
3. Mientras tanto se preparan los champiñones.
4. Se cortan las cabecitas apartando unas 20. Las demás se rebanan en forma de bastoncitos. Las colas se muelen en la licuadora.
5. Se ponen a cocer separadamente las tres cosas con 1 cucharada de mantequilla y un chorrito de limón cada una.

La Salsa

1. En una cacerola se ponen al fuego 2 cucharadas de mantequilla con la harina durante 2 minutos y luego añadiéndole 1 ½ tazas de caldo donde se coció el pescado, sin dejar de mover con un batidor de alambre.
2. Se agregan entonces los champiñones cortados en bastoncitos, las colas molidas y la crema.
3. Se ponen los lenguados en un platón.
4. Se cubren con la salsa y se adornan con la s cabezas de champiñones.

Nota: Se le puede añadir también, si se tiene, una trufa rebanada.

MOLDE DE SALMÓN FRÍO

5 a 6 personas

2 tazas de salmón cocido, freso o de lata
2 huevos
½ taza de pan molido
4 cucharadas de mantequilla
Sal y pimienta
Perejil picadito
Perejil chino, pepino rebanado y limón rebanado para adornar

1. Se desmenuza el pescado, se agregan los huevos medio batidos, la mantequilla derretida, el pan molido y el perejil.
2. Se vierte esto en un molde engrasado y cubierto con papel de aluminio.
3. Se pone a baño María, cuidando que no le entre el agua, durante 1 hora.
4. Se deja enfriar.
5. Se desmolda y se adorna con rebanadas de limón, de pepino y una ramita de perejil chino.

OSTIONES ROCKEFELLER

4 personas

2 docenas de ostiones en su concha
1 taza de espinacas crudas, lavadas y picadas
3 rabos de cebolla picados
1 lechuga chica picada
3 ramas de apio picado
1 manojito de perejil picado
1 pizca de estragón
200 gramos de mantequilla
3 cucharadas de salsa inglesa
1 cucharada de pasta de anchoas
1 taza de pan rallado
100 gramos de queso gruyere rallado

1. Se sacan los ostiones de sus conchas, se escurren y se guarda el líquido.
2. Las conchas se acomodan en una charola sobre sal gruesa caliente y se meten al horno a 250°C durante 5 minutos.
3. Las espinacas, rabos de cebolla, lechuga, apio, el perejil, el estragón se mezclan con la mantequilla, la salsa inglesa, la pasta de anchoas, el líquido de ostiones y se pone todo sobre la lumbre hasta que quedan bien cocidas las legumbres.
4. En cada concha se coloca ostión, se cubre con las verduras y se espolvorea con el pan rallado y el queso.
5. Se meten luego al horno algunos minutos para que gratinen.

PESCADO A LA POBLANA

4 a 6 personas

1 kilogramo de filetes huachinango o robalo, o cualquier pescado blanco
    no muy largos ni delgados
Sal y pimienta
250 o 300 gramos de queso Chihuahua rallado
600 gramos de chiles poblano desvenados, asados, pelados y puestos en
    agua de sal desde la víspera para que no enchilen
¾ taza de leche más o menos
½ litro de crema
50 a 75 gramos de mantequilla

1. Se precalienta el horno a 200°C.
2. Los filetes se lavan muy bien, se espolvorean con sal y pimienta y
    se doblan en tres.
3. Se acomodan en un platón refractario engrasado con bastante
    mantequilla.
4. Se cubren con la salsa.
5. Se les agrega el queso rallado y se meten al horno precalentado
    durante más o menos 25 minutos.
6. Luego se les sube el calor a 250°C y se dejan otros 5 o 10 minutos
    para que gratinen.
7. Se adornan con unas tiritas de chile poblano.

Salsa

1. Los chiles se muelen en la licuadora (apartando unas tiritas para
    adornar el platón) con un poco de leche y crema.
2. No debe quedar aguado.
3. Se fríen en una cacerola con 50 gramos de mantequilla.
4. Se les agrega sal y pimienta.
5. Ya que están bien fritos se les añade el resto de la crema.

PESCADO GÜERA MÉNDEZ

6 personas

1 pescado de 1 ¼ kilogramos
2 tazas de perejil picado
4 jitomates pelados y picados
2 cebollas medianas finamente picadas
¾ de taza de aceite de maíz
Sal y pimienta

1. Se precalienta el horno a 170°C.
2. El pescado se lava muy bien y se pone unos minutos en agua con limón.
3. En un platón refractario se pone una capa de perejil, una de jitomate y cebolla, la mitad del aceite, sal y pimienta.
4. Se coloca sobre esto el pescado y se cubre con otra capa de verduras y el resto del aceite.
5. Se mete al horno precalentado durante más o menos 40 minutos, teniendo cuidado de bañarlo de vez en cuando con su misma salsa durante la cocción.

Nota: Se puede sustituir el pescado entero por filete de pescado, calculando 180 gramos de pescado por persona.

PESCADO PORTUGUÉS

6 a 8 personas

1 ½ kilogramos de filete huachinango cortado en 14 trozos gruesos como
de 6 centímetros de largo por 3 de ancho y 3 de espesor, procurando
que queden lo más parejo posible y apartando los trocitos que sobren
al cortar el pescado
Sal y pimienta
½ taza de aceite de maíz
1 kilogramo de jitomate partido en cuarterones
1 cebolla rebanada
1 cucharada de harina
2 dientes de ajo
1 ramillete
2 chiles morrones de lata partidos en tiritas
15 o 20 aceitunas deshuesadas

1. Se mojan los trozos de pescado en aceite, se les pone pimienta, se
   acomodan en un platón refractario donde se habrá puesto un poquito
   de aceite en el fondo, se cubren con papel aluminio engrasado y se
   meten al horno precalentado a 175°C durante 10 o 15 minutos.
2. En una cacerola se pone a requemar el aceite (¼ taza), se añaden
   la cebolla, el ajo y los pedazos de pescado que sobraron.
3. Después se le agregan el jitomate y el ramillete, sal y pimienta la
   cebolla y el ajo.
4. Se deja hervir durante 15 minutos a fuego lento.
5. Cuando ya se ha consumido y sazonado se licua y se cuela.
6. Si queda muy espeso se le añade un poquito de consomé. Se le
   agregan entonces unas tiritas de chile morrón y las aceitunas
   deshuesadas.
7. El pescado casi crudo se cubre con la salsa anterior y se vuelve a
   meter al horno de 20 a 30 minutos más hasta que se acabe de cocer.

Nota: Se sirve con papas cocidas al vapor.

PESCADO VÍCTOR

6 personas

1 pescado de 1 ¼ kilogramos, o 1, 200 de filetes de pescado
El jugo de 1 limón
Sal y pimienta
3 cebollas grandes rebanadas en ruedas
100 gramos de mantequilla
1 taza de vino blanco

1. Se limpia muy bien el pescado.
2. Se coloca en un refractario.
3. Se le pone el limón, sal y pimienta y se cubre completamente con las ruedas de cebolla.
4. Se baña con el vino y la mantequilla y se mete al horno caliente a 180°C más o menos 25 minutos.

Se debe bañar el pescado con su misma salsa 2 o 3 veces durante la cocción.

ROBALO CON ESPINACAS

4 a 6 personas

6 rebanadas de filete de pescado de 1 centímetro de espesor
Sal y pimienta
90 gramos de mantequilla, 1 barrita
El jugo de 6 limones
1 kilogramos de espinacas cocidas y picadas
¼ de litro de crema
150 gramos de queso manchego

1. Se precalienta el horno a 200°C.
2. Se lava muy bien el pescado. Se seca, se salpimienta.
3. Se coloca en un platón refractario engrasado con mantequilla.
4. Se le añaden unos trocitos de mantequilla y el jugo de los limones.
5. Se mete al horno precalentado durante más o menos 30 minutos o hasta que este cocido.
6. Se engrasa otro refractario con mantequilla.
7. Se coloca una capa de espinacas, unos trocitos de mantequilla, los filetes de pescado cocidos, otra capa de espinacas, sal y pimienta, la crema y por último el queso rallado.
8. Se vuelve a meter al horno unos minutos para que gratine.

TRUCHAS CON ALMENDRAS

4 personas

4 truchas de 200 gramos cada una
1 taza de leche
Limón
Harina
Sal y pimienta
50 gramos de mantequilla
100 gramos de almendras peladas y afiladas

1. Se lavan perfectamente las truchas y por las agallas se vacían.
2. Se pasan por la leche y después por harina; se salpimientan.
3. Se pone la mantequilla en un sartén y se fríen la truchas a fuego lento hasta que se cuezan. Aparte se pone a derretir la mantequilla en una cacerola, cuando esté caliente se añaden las almendras y dejan a que tomen un color dorado, pero cuidando que no se quemen.
4. Se ponen las truchas sobre un platón caliente.
5. Se rocían con la mantequilla derretida con las almendras.
6. Se decora con rodajas de limón.

VOLOVÁN DE PESCADO

8 personas

½ kilogramo de camarones crudos, pelados, dejándoles la colita y limpios
90 gramos de mantequilla
¾ kilogramos de filete huachinango cortado en cuadros grandes
Sal y pimienta
½ taza de agua
½ taza de vino blanco
1 hoja de laurel
¼ de litro de salsa blanca (ver *salsa blanca para pescado*)
¾ de kilogramo de champiñones cocidos sin agua en una cacerola tapada
1 volován para 8 personas (se manda hacer, si se quiere, en las panaderías)

1. Los camarones se ponen a freír en la mitad de la mantequilla.
2. El pescado se espolvorea con sal y pimienta, se pasa por una sartén donde se habrá puesto la otra mitad de la mantequilla a que quede medio frito.
3. Se añaden el agua, el vino y la hoja de laurel a fuego muy lento y se deja cocer hasta que hasta que esté suave.
4. Se saca de la lumbre y se escurre.
5. La salsa blanca se hace friendo la harina en la misma mantequilla y sartén donde se frieron los camarones.
6. Se le añaden los champiñones y los pescados. Se sazona todo y con esto se rellena el volován, que deberá haber sido calentado en el horno.

CAPITULO 5

AVES

ÍNDICE

CROQUETAS DE POLLO

4 personas

1 receta de salsa blanca, para croquetas *(ver salsas)*
1 pechuga de pollo cocida y picada
1 huevo medio batido para empanizar
Pan molido para empanizar
Aceite par freír
Perejil frito para adornar

1. Se hace la salsa blanca, se le agrega el pollo y se deja enfriar más o menos 1 hora.
2. Se hacen las croquetas en forma de bastoncitos de 2 ½ centímetros de ancho por 8 centímetros de ancho por 8 centímetros de largo.
3. Se pasan por el huevo, luego por el pan y se fríen en aceite bien caliente.
4. Se adornan con el perejil frito.
5. Se acompañan con jitomates con ajo y mantequilla al horno.
6. Para freír el perejil, se toma un ramillete del mismo, bien seco y sosteniéndolo por el rabo, se meten las hojas unos segundos en aceite muy caliente, se sacan y se secan sobre papel absorbente.

GALANTINA DE GALLINA

6 personas

1 gallina grande y tierna
2 pechugas de pollo
165 gramos de jamón cocido
165 gamos de lomo de puerco
⅓ de bolillo remojado en leche
2 yemas crudas
¼ litro de crema dulce
1 latita de trufas (optativas)
1 chile morrón de lata rebanado en tiritas
Sal y pimienta
1 huevo cocido
Tomillo y laurel
2 zanahorias rebanadas
2 ramas de apio
1 cebolla partida en dos
Perejil
1 poro rebanado

1. La gallina se vacía, se flamea y se deshuesa. Eso se le puede pedir al pollero que lo haga.
2. Las carnes se muelen con el pan.
3. Ya que está todo bien molido se le añaden las yemas, la crema, las trufas picaditas y su agua, el chile morrón y el huevo duro picado.
4. Se sazona con sal y pimienta.
5. La gallina se rellena y se cose.
6. Se envuelve luego en una manta de cielo y se amarra de los lados.
7. Se pone a cocer con agua, las verduras y las hierbas de olor.
8. Se deja así de 3 a 3 ½ horas hasta que se sienta suavecita. Cuidando que no se le acabe el agua.
9. Se sirve fría decorada con áspic.

Nota: También se puede hacer el relleno sólo sin la gallina. En ese caso, se hace el relleno, se envuelve en manta de cielo, se amarra, se cuece igual, pero durante una hora, se retira del agua de cocimiento y se coloca sobre una tabla con un peso encima, para aplanarlo. Se deja enfriar completamente.

HIGADITOS DE POLLO AL VINO

2 cebollas medianas partidas en rodajas delgadas
100 gramos de mantequilla
20 hígados de pollo bien limpios
1 cucharada de harina
1 taza de vino blanco seco
1 taza de consomé
Sal y pimienta

1. Se pone a acitronar la cebolla en la mantequilla, se añaden los higaditos y se dejan freír durante 20 minutos.
2. Se agrega la harina, se fríe durante 2 0 3 minutos más.
3. Se añade el vino blanco y el consomé, se sazona con sal y pimienta y se deja a fuego lento durante otros 10 minutos.

Nota: Se sirven dentro de una corona de arroz blanco y se acompañan con mostaza inglesa para servirse al gusto.

MANCHAMANTEL

6 a 7 personas

2 chiles anchos
2 chiles mulatos
1 cebolla mediana
1 jitomate asado
3 cucharadas de manteca de cerdo o aceite de maíz para freír
3 tazas de caldo donde se coció el pollo y el puerco
1 pollo cortado en piezas y cocido en un buen caldo
¼ kilogramo de lomo de puerco cocido y rebanado
2 duraznos
1 pera
1 manzana
2 rebanadas de piña fresca
1 plátano macho rebanado
1 camote cocido, pelado y rebanado
Sal al gusto

1. Los chiles se asan, se desvenan, se suavizan en agua hirviendo y se licuan con la cebolla y el jitomate; se cuela.
2. Se fríe todo muy bien en la manteca o el aceite.Se le agregan el caldo, y se deja hervir un rato, aproximadamente 10 minutos.
3. Se le añaden las carnes y las frutas peladas y rebanadas en trozos de tamaño regular, menos del plátano que se le pone con una cucharada de azúcar unos minutos antes de servirse.

Nota: Se sirve acompañado de frijoles refritos con totopos.

MOLE POBLANO DE POLLO

8 personas

7 pechugas de pollo
200 gramos de lomo de puerco
250 gramos de chile mulato
250 gramos de chile pasilla
250 gramos de chile ancho
1 cebolla grande rebanada en rodajas
1 diente de ajo picado
2 rebanadas de pan de caja
½ tortilla
1 raja de canela
3 clavos de olor
1 tableta de chocolate de metate
Sal y azúcar al gusto
250 gramos de manteca para freír
4 cucharadas de ajonjolí tostado

1. Los chiles se limpian muy bien quitándoles las semillas y las venas.
2. Se pasan por ⅔ de la manteca caliente cuidando que no se quemen.
3. Se colocan en una sartén con agua caliente y se dejan que den un hervor para que se suavicen.
4. En la misma manteca en la que se frieron los chiles se fríen la cebolla y el ajo a que se acitronen.
5. Se les añade el pan y la tortilla, la canela, los clavos y por último el chocolate.
6. En la licuadora se ponen los chiles con el agua en que se remojaron, se le añaden los ingredientes fritos anteriormente y se muele todo muy bien.
7. Se cuela y se pone a freír en el resto de la manteca.
8. Se sazona con sal y azúcar.
9. Se le añaden las pechugas cocidas y el lomo de puerco cocido y un poco de consomé donde se cocieron las carnes.

10. Tiene que quedar espesito.
11. Se deja sazonar a fuego lento durante 15 o 20 minutos.
12. Se espolvorea con el ajonjolí.

Nota: Se sirve acompañado de frijoles refritos con totopos y arroz rojo a la mexicana.

PASTEL DE POLLO

6 a 7 personas

Para la pasta
400 gramos de harina
Cucharadita de polvo para hornear
Sal
50 gramos de azúcar o ¼ taza
300 gramos de mantequilla
1 huevo entero
1 huevo y 2 cucharaditas de leche para barnizar
2 yemas
Leche fría la necesaria

Para el relleno
1 cucharada copeteada de mantequilla
200 gramos de tocino cortado en cuadritos
100 gramos de jamón cortado en tiritas gruesas
3 cebollas rebanadas delgadas
¾ kilogramo de jitomate asado y molido
1 cucharada de harina
1 lata chica de paté o de jamón del diablo
1 cucharada de perejil picado
1 pollo y 1 pechuga o 5 pechugas cocidas y cortadas en cuadritos
100 gramos de aceitunas sin hueso

La Pasta
1. Se cierne la harina con el polvo de hornear, la sal y el azúcar.
2. Se le agrega la mantequilla y se mezcla muy bien hasta que quede como chicharitos (se debe tomar con las manos lo menos posible).
3. Se le añade el huevo entero, las yemas y la leche necesaria poco a poco, revolviendo con cuidado a que quede una pasta tersa, se hace una bola. (Todo lo anterior se puede hacer en el procesador de alimentos).

4. Se refrigera una hora.
5. Se extiende a la mitad a que quede del grueso de 1 centímetro y se cubre con ella un molde para pay engrasado con mantequilla.
6. Se rellena.
7. Se extiende la otra mitad de la pasta y con esto se cubre el pay.
8. Se le hace una chimenea, cortando un pedacito de cartón y poniéndoselo después de hacer con el cuchillo un pequeño orificio sobre la pasta.
9. Se barniza a 180°C durante 30 o 40 minutos, hasta que esté doradita la pasta.

Relleno

1. Se fríen en la mantequilla el jamón y el tocino.
2. Se sacan y se pone la cebolla para que se acitrone, luego el jitomate asado y molido.
3. Cuando esté chinito o bien cocido y espeso, se le agregan la harina, el paté, el perejil, el jamón, el tocino, el pollo, las aceitunas, sal y pimienta.
4. Se deja hervir a que quede espesito.
5. No debe quedar ni seco ni aguado.

PATÉ CHAUD-FROID

8 a 10 personas

100 gamos de mantequilla
1 cebolla chica rebanada en rodajas
3 dientes de ajo picaditos
20 higaditos de pollo muy bien limpios
3 cucharadas de coñac o brandy
2 pechugas de pollo (4 mitades) cocidas y molidas
1 ½ taza de vino tinto
2 sobrecitos de grenetina
4 hojas de laurel
2 ramitas de tomillo
¼ de litro de crema dulce
Sal y pimienta
4 cuchadas de oporto
3 cucharadas de jerez seco
Salsa Cumberland *(ver receta)*

1. En una cacerola se pone la mantequilla con la cebolla para que se acitrone.
2. Se le añaden los ajos y los higaditos, se fríen hasta que estén cocidos, se flamean entonces con el coñac, poniendo el coñac en un cucharón sobre la lumbre y ladeándola un poco para que se incendie.
3. Se le agregan las pechugas, que se harán pasado por el moledor de carne.
4. Se fríe 1 minuto y se le añade el vino caliente en el cual se habrá disuelto la grenetina previamente remojada en media taza de agua fría y las hierbas de olor.
5. Se deja sobre la lumbre hasta que se consuma el vino (debe quedar como picadillo).
6. Se saca, se le quitan las hierbas de olor y se pasa 3 veces por el moledor de carne o por el procesador de alimentos.

7. La crema se bate hasta que espese y se le añade cuidadosamente a lo anterior.

8. Se sazona con sal y pimienta, se le añaden el oporto y el jerez y se vierte en un molde rectangular como para panqué, donde se habrá puesto a cuajar un poco de salsa Cumberland.

9. Se refrigera y se deja cuajar.

10. Se desmolda y se sirve acompañado con la Salsa Cumberland.

PATO A LA CHINA

4 personas

1 pato de 2 ½ kilogramos
3 cucharadas de miel de maíz o de abeja
1 taza de vino blanco
75 gramos de frijol negro que se pondrá a cocer
Salsa de soya al gusto
Sal
20 crepas saladas pequeñas
20 ramitas de cebollín

1. Se vacía el pato y se limpia muy bien.
2. Se mete en agua salada hirviendo durante 5 minutos. Se escurre. Se seca.
3. Se unta por todos lados con una mezcla hecha con la miel y el vino.
4. Se deja secar así durante 24 horas.
5. Al día siguiente se mete al horno a 180°C durante 1 hora o hasta que este dorado.
6. Por otro lado se hace un puré con los frijoles cocidos y se sazona con la salsa de soya.
7. Se pone el pato sobre un platón caliente.
8. Se rodea con las crepas espolvoreadas con el cebollín picadito y se acompaña con el puré de frijol.

PATO CON UVAS

6 personas

1 pato gordo, bien limpio
1 kilo de uvas verdes sin semilla
125 gramos de mantequilla
1 cucharada de harina
Sal y pimienta

1. Se pone a freír el pato en la mantequilla hasta que esté de un bonito color.
2. Se sazona con sal y pimienta.
3. Se tapa y se deja cocer unos 10 minutos.
4. Por otro lado se mezcla la harina con 50 gramos de mantequilla y se le añade esta pasta a lo anterior.
5. 1 minuto después se añaden las uvas limpias.
6. Se tapa la cacerola y se deja cocer a fuego lento durante más o menos 20 minutos.

PAVO A LA MANTEQUILLA

6 personas

1 pavo de 6 a 8 kilos
500 gramos de mantequilla derretida
1 taza de coñac o brandy
10 tiras de tocino
Sal y pimienta
Papel de estaño para envolver

Para el relleno:
5 bolillos duros remojados en leche
½ cebolla picadita
1 apio mediano entero, picadito
La molleja y el hígado del pavo, cocidos y picados
Orégano al gusto
10 o 12 castañas cocidas y picadas (optativo)
5 o 6 cucharadas de manteca

1. Se precalienta el horno a 170°C.
2. El pavo se rellena, se cose y se inyecta muy bien por todos lados con la mantequilla derretida mezclada con el licor.
3. Se salpimienta.
4. Se coloca en una charola de horno que se habrá forrado con unas tiras largas de papel de estaño para que alcance a envolverlo y sobre la mitad de las rebanadas de tocino que se habrán puesto sobre las pechugas del pavo.
5. Se cubre el ave con el resto del tocino y se envuelve muy bien.
6. Se mete al horno precalentado de 3 a 4 horas. ½ hora antes de que esté se destapa para que se dore.
7. Al momento de servirlo se quitan las tiras de tocino.
8. El pavo estará listo, cuando el picar con un tenedor o algo punzocortante la parte más gruesa del muslo, el líquido salga limpio, sin nada de sangre.

Relleno

1. En la manteca se pone a acitronar la cebolla, se le añade el bolillo exprimido y se deja freír 2 minutos; luego se le agregan el apio, los higaditos y molleja picaditos, las castañas, el orégano, sal y pimienta.

2. Se fríe muy hasta que quede bastante seco y con la consistencia de un puré espeso.

PECHUGAS AL VINO BLANCO

10 personas

125 gramos de mantequilla
200 gramos de tocineta partida en cubitos
2 zanahorias grandes peladas y rebanadas a lo largo
20 cebollitas de cambray
2 dientes de ajo
6 pechugas de pollo enteras o 12 medias
3 tazas de vino blanco seco
1 ½ cucharadas de harina
1 ramillete ½ kilo de champiñones
¼ de taza de coñac o brandy

1. Se pone a freír en 25 gramos de mantequilla, la tocineta, las zanahorias, las cebollas y el ajo.
2. Ya que está dorada la zanahoria se retiran las verduras de la cacerola y ahí se añade el resto dela mantequilla y se ponen a dorar las pechugas sin piel.
3. Ya que están bien doraditas se retiran y se añade ahí mismo la harina a que dore.
4. Se le agregan las zanahorias fritas, las cebollitas y las pechugas.
5. Se cubren con el vino, el caldo y el ramillete.
6. Se dejan hervir a fuego lento.
7. Cuando ya se sienten suaves las pechugas, se cuela el caldo, se le añaden los champiñones bien limpios y se deja a que se acabe de cocer.
8. Se coloca en un platón, se cubre con la salsa y se flamea con el coñac.

Nota: Se sirve con chicharitos en mantequilla.

PECHUGAS EN CHILE MORRÓN

6 personas

1 cucharada de cebolla rallada
50 gramos de mantequilla
5 chiles morrones de lata molidos con su agua
1 ¼ de tazas de crema espesa
4 pechugas de pollo cocidas y partidas a la mitad
100 gramos de queso amarillo tipo americano rallado

Preparación

1. Se precalienta el horno a 180°C.
2. Se acitrona la cebolla en la mantequilla.
3. Se le agrega el chile morrón, se deja freír por unos minutos y se añaden la crema, sal y pimienta.
4. Se engrasa un platón refractario, se acomodan las pechugas y se bañan con la salsa.
5. Se espolvorea todo esto con el queso rallado.
6. Se mete al horno precalentado durante más o menos 20 minutos o hasta que estén cocidas

PECHUGA EN NOGADA

8 personas

200 gramos de queso fresco o de queso Toluca
El migajón de 2 rebanadas de pan de caja remojado en leche
200 gramos de nuez molida (se puede moler en la licuadora o en el
    procesador de alimentos)
½ taza de crema ácida
½ taza de crema natural
1 cucharadita de sal
1 cucharada de azúcar
2 cucharadas de jerez dulce
8 pechugas de pollo cocidas en un buen caldo
1 o 2 granadas, peladas y desgranadas

1. Se desbarata muy bien el queso con un tenedor, se le añaden el migajón con todo y la leche donde se remojó, la nuez molida, las dos cremas, la sal, el azúcar y el jerez dulce.

2. Se mezcla todo muy bien, se prueba. Si le falta sal se le añade otra poquita.

3. Las pechugas, cocidas se meten en la nogada para que queden bien bañadas, se acomodan en un platón y se cubren con la salsa restante.

4. Se adornan con una nuez cada una y alrededor del platón se decora con granada.

PECHUGAS EN NUEZ

4 a 6 personas

3 pechugas de pollo (6 mitades) cocidas y sin piel
1 taza de nueces
1 taza de aceite de maíz
Sal al gusto

1. Las pechugas se fríen en un poco de aceite para que tomen color.
2. En la licuadora se muele la nuez con el aceite y sal.
3. Las pechugas se colocan en un plato refractario, se bañan con la salsa y se meten al horno precalentado a 170°C durante 15 minutos.

Nota: Se sirven acompañadas de una ensalada de lechuga y berros.

PECHUGAS EN SALSA BOSTON

6 personas

100 gramos de mantequilla
2 cucharadas de harina
El jugo de 1 limón
Sal y pimienta al gusto
¼ de litro de crema
4 pechugas enteras cocidas y el caldo donde se cocieron
30 cebollitas de cambray cocidas y el agua donde se cocieron
20 zanahorias de cambray cocidas y peladas

1. Se derriten ¾ partes de la mantequilla en una sartén, se le agrega la harina y se fríe por 2 minutos.
2. Se moja con 1 taza de consomé con ½ taza de agua donde se cocieron las cebollitas. No debe quedar muy aguado.
3. Se le añade le jugo de limón y se deja hervir durante unos minutos.
4. Se le agrega la crema y por ultimo las pechugas deshuesadas.
5. Se sazona con sal y pimienta.
6. Se sirve con las cebollitas y zanahorias fritas en el resto de la mantequilla.

PECHUGAS CON JAMÓN DEL DIABLO Y CREMA

4 a 6 personas

3 pechugas, aplanadas
1 lata grande de jamón del diablo
12 rebanadas de tocino
½ litro de crema
150 gramos de queso gruyere rallado

1. Se precalienta el horno a 180oC
2. Las pechugas aplanadas, se untan con bastante jamón del diablo
3. Se enrollan, se envuelven con 2 tiras de tocino, se prenden con palillos
4. Se fríen en la misma grasa que suelta el tocino y el jamón
5. Ya fritas sin que se doren se acomodan en un refractario, se bañan con crema, se espolvorean con queso gruyere y se meten al horno a gratinar.

PECHUGAS PARMESANAS

4 personas

4 pechugas aplanadas
Sal y pimienta al gusto
2 huevos batidos
8 cucharadas de queso parmesano, rallado
1 ½ tazas de pan molido
Mantequilla, mezclada con aceite de maíz para freír

1. Las pechugas se salpimientan.
2. Se pasan por el huevo.
3. Luego por el pan mezclado con el queso.
4. Luego por el huevo de nuevo.
5. Y para terminar por el pan molido.
6. Se ponen a calentar la mantequilla con el aceite y se fríen lentamente para que queden doraditas y bien cocidas.
7. Se escurren sobre papel absorbente.

Nota: Se sirven con tallarines en mantequilla y ensalada de lechuga y berros.

PICHONES CON ALMENDRAS Y PIÑONES

4 personas

4 pichones bien limpios y flameados
1 cucharada de manteca de cerdo o aceite de maíz
100 gramos de tocino en cuadritos
1 cebolla picadita
2 ajos picaditos
50 gramos de jamón crudo picadito
1 jitomate licuado y colado
Hierbas de olor (laurel y tomillo)
Los hígados de los pichones bien limpios
¼ de taza de vino de jerez o vino blanco
15 o 20 almendras peladas y fileteadas
2 cucharadas de piñones
¼ de kilo de chícharos
Sal y pimienta al gusto
1 o 1 ½ tazas de consomé

1. Los pichones se fríen con la manteca y el tocino.
2. Cuando están doraditos se retiran del sartén y ahí mismo, quitando el exceso de grasa, se ponen a acitronar la cebolla y los ajos.
3. Se añaden entonces el jamón, el jitomate y las hierbas de olor.
4. Se deja freír hasta que esté espesito el jitomate, se agregan el jerez, las almendras y los piñones, y se fríe unos minutos más para que se le vaya un poco de alcohol al vino.
5. En esta salsa se ponen los pichones y se cuecen hasta que estén suaves.
6. 5 minutos antes de servirse se le añaden los chícharos cocidos.

Nota: También se le pueden añadir colecitas de Bruselas cocidas y fritas en lugar de los chícharos.

PICHONES ENCEBOLLADOS

6 personas

150 gramos de mantequilla
8 cebollas grandes rebanadas
6 pichones bien limpios
3 cucharadas de harina
Sal al gusto
¼ de litro de crema dulce
¼ de taza de coñac o brandy

1. Se pone una cacerola con la mantequilla y la cebolla rebanada sobre la lumbre suave.
2. Se tapa para que sude moviendo la cacerola de vez en cuando para que no se pegue.
3. Cuando está acitronada la cebolla se colocan sobre ella los pichones, se vuelve a tapar la cacerola y se deja a fuego lento hasta que estén suaves.
4. Se añaden entonces la harina y 1 ½ tazas de agua.
5. Se deja hervir 2 minutos.
6. Se retiran los pichones
7. Se muele la cebolla y se cuela; la salsa resultante se sazona con sal.
8. Se le añade la crema.
9. Se vuelven a colocar los pichones.
10. El coñac se flamea y se vierte sobre lo anterior.
11. Se sirve muy caliente acompañado de fondos de alcachofas rellenos con paté.
12. Una vez que se ha añadido la crema no debe hervir la salsa porque se puede cortar.

POLLO AL BLANCO

4 personas

1 pollo cortado en piezas
1 cebolla partida en dos
½ nabo
5 zanahorias
1 ramillete
50 gramos de mantequilla
250 gramos de hongos frescos o champiñones
3 cucharadas de harina
¾ de taza de caldo donde se coció el pollo
¼ de litro de crema espesa fresca
3 yemas de huevo
Nuez moscada
1 limón
Sal y pimienta

1. Se pone a cocer el pollo con las verduras, menos los hongos, en agua a cubrir durante 1 hora en una cacerola tapada.
2. En un sartén se pone la manequilla con los hongos o champiñones. Cuando estos empiezan a soltar un poco de agua, se les agrega la harina y se dejan cocer durante 5 minutos.
3. Se les añade el caldo y la crema.
4. Se deja hervir unos minutos.
5. Las yemas se baten con el jugo de limón y se mezclan a lo anterior.
6. El pollo se baña con esta salsa y se calienta todo a baño María para que no se corte.

POLLO A LA ITALIANA

4 personas

8 cucharadas de aceite de oliva
4 jitomates rebanados y sin semilla
3 calabacitas picadas
1 cebolla rebanada delgada
Sal y pimienta
2 elotes desgranados
2 pechugas de pollo cocidas y cortadas en cuadritos
Orégano al gusto
3 cucharadas de vinagre
Queso parmesano (optativo)

1. Se precalaienta el horno a 180°C.
2. En un refractario se ponen 2 cucharadas de aceite y sobre esto se pone una capa de jitomate rebanado, una de calabacitas, una de cebolla, una de elote, una de pollo, orégano al gusto, 3 cucharadas de aceite, 1 ½ cucharada de vinagre y se cubre con otra capa de jitomate, calabacitas, etcétera; el pollo debe quedar en medio.
3. Se mete al horno a 180°C durante 40 minutos moviendo de vez en cuando para que no se reseque la parte de encima.
4. Se puede espolvorear con queso parmesano al gusto.

POLLO AL POMPADOUR

4 personas

¼ de kilo de hongos o champiñones
2 pollitos tiernos partidos en piezas
100 gramos de mantequilla
Sal y pimienta
1 latita de trufas
¼ de taza de coñac o brandy
½ litro de oporto
½ litro de crema espesa

1. Los hongos se lavan bien y se ponen a cocer en una cacerola tapada y sin agua. Tardan 10 minutos.
2. Los pollos bien limpios y flameados se fríen en la mantequilla.
3. Se les agrega sal y pimienta, el agua de los hongos, las trufas rebanadas, el agua de éstas, el coñac flameado y el oporto.
4. Se deja hervir 15 minutos y entonces se añade la crema.
5. Se tapa y se deja hervir a fuego lento hasta que estén cocidos los pollos y la salsa espesa.

Nota: Se sirven con arroz blanco.

Se puede usar sal de trufa en lugar de trufas, si no las tienen y se añade un poco de agua para que se cueza bien el pollo.

POLLO CON CHAMPIÑONES

4 personas

1 pollo cortado en piezas
Sal al gusto
Pimienta
Harina
Aceite para freír
8 cebollitas de cambray
1 lata de champiñones
½ taza de champiñones cocidos (pueden ser de lata)
1 taza de leche evaporada
¼ taza de jerez seco
1 cucharadita de curry

1. Se precalienta el horno a 170°C.
2. El pollo se espolvorea con sal, sal de ajo, pimienta y harina.
3. Se fríe lentamente en aceite.
4. Se le agregan las cebollitas y los champiñones, la leche, el jerez y por último el polvo de curry.
5. Se mezcla todo muy bien, se vierte en un platón refractario y se mete al horno precalentado durante 30 minutos.

POLLO DE PLAZA ESTILO MORELIA

4 personas

1 pollito mediano partido en piezas cocido con verduras y hierbas de olor
Manteca de cerdo para freír
Cebolla rebanada
3 jitomates grandes pelados y rebanados
Sal y pimienta al gusto
1 cucharadita de azúcar
1 taza de caldo donde se coció el pollo
3 papas cocidas, peladas y rebanadas en cuadros de 2 centímetros
2 zanahorias cocidas y cortadas en cuadros
orégano al gusto
1 lechuga picadita
4 chiles en vinagre

Para las enchiladas
3 chiles anchos, desvenados y sin semilla
1 jitomate asado y pelado
1 diente de ajo
8 tortillas
Sal al gusto

1. El pollo bienp cocido y sin piel se pone a freír en un poco de manteca.
2. Tiene que quedar de un bonito color dorado.
3. En 1 cucharada de manteca se pone a acitronar la cebolla, se le añade el jitomate y se deja freír hasta que esté bien espesito.
4. Se sazona con la sal, la pimienta y el azúcar.
5. Se le añade una taza más o menos del caldo donde se coció el pollo.
6. Se deja sazonar y se ponen las piezas de pollo en esta salsa.
7. Las papas y las zanahorias se fríen en manteca a que queden doraditas.

8. En un platón se acomoda el pollo, se baña con la salsa, se espolvorea con orégano al gusto, se cubre con lechuga picadita y se rodea con los chiles en vinagre, las rebanadas de papas y las zanahorias fritas en manteca.
9. Se acompaña con las enchiladas.

Enchiladas

1. Se pone a remojar el chile en agua hirviendo para que se suavice.
2. Se muele con el jitomate y el ajo. Se cuela.
3. Se fríe en 1 cucharada de manteca. Se sazona con sal al gusto.
4. Las tortillas se pasa por manteca luego por la salsa y se acomodan en un platón una sobre otra en forma de pastel o dobladas en cuatro.

Nota: Se puede sustituir la manteca por aceite, pero la verdadera receta lleva manteca de cerdo.

POLLO EN CURRY

6 personas

4 pechugas de pollo enteras (8 mitades)
2 zanahorias
1 cebolla partida en cuatro
1 diente de ajo
1 ramillete

Para la salsa
1 cucharada de cebolla picadita
50 gramos de mantequilla
3 clavos
3 cucharadas de polvo de curry
3 cucharadas de harina
El agua de 1 coco
¾ de litro de caldo donde se cocieron las pechugas
Sal al gusto
¼ litro de crema

Para acompañar al curry
Coco fresco rallado
Cacahuates pelados
Almendras peladas y afiladas
Piña fresca picada
Café en polvo
Pasitas
Chutney de mango
Tortillas tostadas

1. Se ponen a cocer las pechugas sin partir con todo y piel en agua a cubrir junto con las verduras y sal hasta que estén suaves.

2. Luego se les quita la piel, se parten a la mitad y se deshuesan.

3. Se acitrona la cucharada de cebolla picada con la mantequilla, se le agregan los clavos de olor y el polvo de curry.

4. Se deja freír 1 minuto y se le añade la harina.

5. Se fríe 2 minutos más, se le agregan el agua del coco y el consomé.

6. Se sazona con sal. Se deja a que suelte el hervor.

7. Se cuela y se le agregan las pechugas y la crema.

8. Se sirve con arroz blanco acompañado por todos los demás ingredientes que se colocarán en montoncitos en un plato botanero.

POLLO ESTILO AMERICANO

6 personas

1 pollo cortado en piezas
1 limón
1 cucharada de sal
2 tazas de harina
1 cucharada de pimienta
Orégano al gusto
1 cucharadita de nuez moscada
Tomillo en polvo al gusto
Aceite para freír

1. El pollo se lava y se unta muy bien con limón.
2. Los demás ingredientes menos el aceite se mezclan muy bien, se ponen en una bolsa de plástico y ahí se empaniza muy bien el pollo, para luego freírlo en el aceite caliente.
3. Antes de servirlo se vuelve a freír.

Nota: Se sirve con tortitas de elote y ensalada de lechuga y jitomate.

POLLO MARENGO

4 personas

1 pollo de 1 ¼ de kilo cortado en piezas
1 cucharada de aceite de oliva
1 cebolla mediana picada
3 jitomates pelados, sin semilla y picados
Sal y pimienta
1 taza de vino blanco
1 taza de consomé
1 ramillete
12 o 15 champiñones bien limpios
1 diente de ajo picadito

1. El pollo se fríe en el aceite.
2. Ya que está doradito se le añade la cebolla a que se acitrone, luego el jitomate que debe quedar bien frito.
3. Se salpimienta y se le añade el vino, se deja que se reduzca a la mitad y se le agrega el consomé, el ramillete y los champiñones.
4. Se deja cocer hasta que esté suave el pollo.
5. Se sirve rodeado por los champiñones cocidos en vino blanco y unos triangulitos de pan de caja fritos en mantequilla.

Todo esto espolvoreado con perejil picadito.

POLLO MEDITERRÁNEO

6 personas

1 pollo de 1 ½ kilo cortado en piezas
¾ taza de aceite de oliva
Sal y pimienta
½ litro de vino blanco seco
2 cebollas medianas picadas
1 diente de ajo picado
3 berenjenas peladas y cortadas en trozos grandes
2 pimientos rojos cortados en cuadros
12 champiñones
150 gramos de aceitunas
6 rebanadas de pan de caja

1. Se limpia muy bien el pollo .
2. Se pone a calentar una tercera parte de aceite en un sartén, se agrega el pollo y se deja freír volteándolo de vez en cuando.
3. A los 5 o 6 minutos se añade la sal y la pimienta y se deja dorar.
4. Se añade el vino blanco, se mezcla y se deja hervir a fuego lento.
5. En la otra tercera parte del aceite se ponen a freír las verduras y el ramillete.
6. Se salpimienta y se mueve frecuentemente.
7. Ya que está todo bien frito se añade el pollo y se deja que siga hirviendo unos minutos más.
8. Se ponen a hervir las aceitunas durante 5 minutos y se agrega a lo demás.
9. En el resto del aceite se fríen triángulos de pan y con esto se adorna el pollo.

POLLO SARATOGA

4 personas

1 kilo de papas cocidas con cáscara
200 gramos de queso tipo holandés rallado
100 gramos de mantequilla
4 yemas de huevo
Sal y pimienta
½ cebolla picada
2 dientes de ajo
Hierbas de olor (laurel, tomillo y mejorana)
2 clavos
1 raja de canela
3 cucharadas de aceite de maíz
1 pollo cocido
3 jitomates asados, pelados y molidos
1 ½ tazas de chícharos de cambray cocidos

1. Las papas se pelan se pasan por el prensador, se les agrega el queso, la mantequilla, las yemas, sal y pimienta.
2. Se mezcla todo muy bien. Se coloca este puré en un molde de rosca engrasado y se pone a cocer en baño María 30 minutos.
3. Se ponen a freír la cebolla, el ajo, una hoja de laurel, una ramita de tomillo, otra de mejorana, dos clavos y una rajita de canela en el aceite.
4. Se añade el pollo cocido y partido en cuadritos y el jitomate.
5. Se deja hasta que espese y el jitomate ya no sepa a crudo, se le añaden los chicharitos.
6. Se saca el puré del molde, se voltea sobre un platón y en el centro se pone el pollo.

POLLO TOÑITA

4 personas

1 pollo mediano partido en piezas
100 gramos de mantequilla
¼ de cebolla molida
1 diente de ajo grande molido
1 cucharada de harina
1 taza de consomé
Sal y pimienta al gusto
10 papitas de Cambray
1 taza de chicharitos crudos pelados

1. Se fríe el pollo en la mantequilla a que quede doradito.
2. Se saca y en la misma grasa se fríen la cebolla, el ajo y la harina a que se ponga de color oro.
3. Se agregan el caldo, el pollo, las papitas, los chicharitos, sal y pimienta.
4. Se tapa y se deja cocer a fuego lento hasta que el pollo esté suavecito y bien cocido.

CAPITULO 6

CARNES

ÍNDICE

ALBONDIGÓN A LA ITALIANA

4 personas

¼ kilogramo de carne de res molida
6 rebanadas de salami cortadas en tiras
3 rebanadas de queso Oaxaca
2 huevos revueltos
Sal y pimienta
Orégano al gusto
¼ de taza de aceite de oliva
½ taza de vino blanco
Harina
2 tazas de salsa de jitomate

1. Se extiende la carne sobre un trozo de papel aluminio ligeramente enharinado; debe quedar de 1 ½ centímetros de grueso.
2. Se coloca sobre ella el salami, el queso, el huevo, sal, pimienta y orégano.
3. Se enrolla la carne, ayudándose con el papel, se barniza ligeramente con aceite de oliva y se enharina ligeramente
4. Se dora en el aceite caliente.
5. Se tapa y se deja cocer a fuego lento durante 30 minutos.
6. Se añade el vino y se deja evaporar.
7. Se añade la salsa de jitomate, se deja otros 30 minutos.
8. Se enfría y se rebana.
9. Se sirve frío o caliente.

ALBÓNDIGAS ENCHIPOTLADAS

6 personas

350 gramos de carne de puerco molida
350 gramos de aguayón de res molido
1 diente de ajo
2 huevos enteros crudos
3 cucharadas de pan molido
Sal y pimienta al gusto

Para el adobo
6 chiles moritas desvenados, sin semillas y remojadas en agua caliente
4 jitomates medianos asados y pelados
1 diente de ajo
3 cominos
1 pizca de orégano
1 cucharada de manteca de cerdo o de aceite de maíz
Sal y pimienta al gusto

1. Se mezclan todos los ingredientes de las albóndigas.
2. Se hacen unas bolitas de mediano tamaño y se ponen en el adobo.
3. Se dejan cocer más o menos 25 minutos.

El adobo
1. Se licuan todos los ingredientes menos la manteca.
2. Se cuelan.
3. Se fríe todo en la manteca o el aceite.
4. Ya que está bien sazonado ahí se van colocando las albóndigas una por una.

Nota: Se sirven con arroz blanco.

CONEJO A LA BAICINO

4 a 6 personas

50 gramos de manteca de cerdo o de aceite de maíz
2 dientes de ajo
100 gramos de tocino en cuadritos
1 conejo bien limpio y cortado en trozos
1 cebolla mediana, rallada
15 gramos de harina (1 cucharada)
½ taza de vino jerez seco
Sal y pimienta
Perejil, laurel, tomillo y orégano
1 cucharada de piñones
1 cucharada de almendras peladas y picadas

1. En una cazuela, de preferencia de barro, se ponen la manteca, los ajos y el tocino. Ya que están bien calientes se colocan ahí los trozos de conejo y se dora.
2. Se retiran y se añade la cebolla rallada y se deja acitronar.
3. Se fríe, se agrega la harina, se deja 2 minutos y se le pone ½ taza de agua.
4. Se vuelve a colocar ahí el conejo y se rocía con el jerez.
5. Se tapa y se deja hervir a fuego lento 5 minutos.
6. Se le añaden luego la sal, pimienta, hierbas de olor.
7. Se vuelve a tapar y se deja cocer a fuego lento hasta que el conejo esté bien tierno, más o menos 45 minutos.
8. Unos minutos antes de servirlos se cuela la salsa y se le añaden las almendras y los piñones. Se sirve bien caliente.

COSTILLITAS DE PUERCO A LA CHINA

5 personas

2 kilos de costillita de puerco cortadas en trozos
1 limón finamente rebanado
1 cebolla finamente rebanada
1 cucharada de sal

Para la salsa
1 taza de salsa catsup
½ taza de salsa de soya
⅓ taza de salsa inglesa
1 cucharada de salsa tabasco
1 taza de agua

1. Se salan las costillitas y se meten al horno durante 30 minutos a 220°C.
2. Se quita el exceso de grasa, se añade el limón, la cebolla y la salsa.
3. Se baja la temperatura a 180°C.
4. Se baña con la salsa cada 15 minutos durante 1 ½ horas.
5. Si se secan demasiado se les añade un poquito de agua.

Salsa
1. Se mezclan todos los ingredientes.

CUETE ALMENDRADO

6 personas

1 kilo de cuete muy bien cocido
100 gramos de almendra
2 cucharadas de manteca de cerdo o aceite de maíz
1 rebanada de pan de caja
2 jitomates medianos asados
2 clavos de olor
1 rajita de canela
3 pimientas negras

1. Se doran bien las almendras sin pelar en 1 cucharadita de manteca o el aceite.
2. Se añade el pan y también se fríe.
3. Se muelen estas dos cosas junto con el jitomate, los clavos, la canela y las pimientas.
4. Se cuela y se fríe en el resto la manteca o el aceite.
5. Se pone ahí la carne rebanada a que dé un hervor.

Nota: Se sirve con papas al vapor.

CUETE FRÍO VIENÉS

6 personas

700 gramos de cuete
50 gramos de jamón serrano
30 gramos de manteca de cerdo o 3 cucharaditas de aceite de maíz
2 litros de agua o consomé
¼ de litro de vinagre suave
Cebolla
Hierbas de olor
6 pimientas gruesas
Sal

Para el aderezo
4 huevos cocidos
1 cucharada de mostaza
Aceite de oliva
¼ de cebolla mediana
1 cucharada de perejil picado
3 chiles largos en vinagre
50 gramos de aceitunas
50 gramos de alcaparras o si se prefiere de pepinillos dulces en vinagre
Sal y pimienta

1. El cuete se mecha con el jamón, se fríe en la manteca, cuando dora se le agregan 2 litros de agua o consomé, el ¼ de litro de vinagre suave, una cebolla, hierbas de olor, 6 pimientas gruesas y sal. Se deja cocer hasta que esté muy suave.
2. Se deja enfriar.
3. Ya frío se rebana, se coloca e el platón y se cubre con lo siguiente:
4. Las yemas cocidas se mezclan con la mostaza y el aceite necesario para formar una pasta; se agregan las claras finamente picadas lo mismo que la cebolla rallada, el perejil, los chiles, las aceitunas y las alcaparras. Se sazona todo con vinagre, sal y pimienta.
5. Se sazona todo con vinagre, sal y pimienta.

CHULETAS DE CARNERO CON BERENJENAS

4 personas

6 cebollitas de cambray rebanadas finamente
50 gramos de manteca de cerdo o 4 cucharaditas de aceite de maíz
2 dientes de ajo
1 ramillete
6 chuletas de carnero
Sal y pimienta
½ taza de crema
800 gramos de berenjenas peladas, desflemadas, cortadas en cuadros

1. Se ponen a acitronar las cebollas en la manteca, se añade el ajo prensado y el ramillete.
2. Cuando todo esté bien frito, se fríen ahí las costillas por ambos lados. Se salpimienta.
3. Se añaden las berenjenas y 3 cucharadas de agua caliente.
4. Se tapan y se dejan cocer 30 minutos.
5. Se retiran las costillas de la cacerola, pero se mantienen calientes.
6. Se vierte la crema sobre las berenjenas. Se mezcla.
7. Se acomodan alrededor de las costillas y se sirven inmediatamente.

CHULETAS DE TERNERA PAPILLOTE

4 personas

8 chuletas de ternera chicas bien limpias
Sal y pimienta
1 ½ cucharadita de manteca de cerdo o 2 cucharadas de aceite de maíz

Para la salsa
1 pepinillo en vinagre
3 jitomates asados y pelados
8 aceitunas deshuesadas
8 alcaparras
8 ramitas de perejil
1 cebolla
2 tortillitas tostadas
1 rajita de canela
12 almendras tostadas en manteca
2 cucharadas de manteca de cerdo o aceite de maíz

1. Las chuletas se espolvorean con sal y pimienta y se fríen en la manteca o el aceite a fuego vivo con el sartén tapado, 2 minutos de cada lado.

Salsa
1. Se muelen los ingredientes y se fríen en la manteca o el aceite que quede una salsa bien sazonada.
2. Las chuletas se bañan con esta salsa, se envuelven en papel de aluminio y se meten 5 minutos al horno caliente.

Nota: Se sirven con papas fritas.

ESPALDILLA DE CARNERO

1 ½ kilos de espaldilla de carnero deshuesada
Sal y pimienta
50 gramos de manteca de cerdo o 6 cucharaditas de aceite de maíz
5 papas amarillas grandes
2 cebollas grandes
60 gramos de mantequilla
1 cucharada de perejil picado toscamente

1. Una vez deshuesada la espaldilla se sazona con sal y pimienta y se enrolla apretando bien. Se amarra con hilo de cáñamo dándole forma de rollo.

2. Se acomoda en una cazuela de barro no muy grande, se le agrega la mitad de la manteca y con la otra mitad se cubre.

3. Se mete al horno a 170°C sin nada de líquido.

4. Se voltea de vez en cuando para que se dore bien por todos lados. Esto le debe tomar 30 minutos.

5. Se pelan las papas y se ponen en agua fría, se rebanan las cebollas finamente.

6. Se caliente la mantequilla en una sartén, se añade las cebollas y se dejan hasta que tomen un color rubio.

7. Se agregan entonces las papas escurridas y secas, y se fríe todo junto para revolverlo bien.

8. Se agregan a la espaldilla poniendo todo a su alrededor y se deja cocer 30 minutos, cuidando de bañar más o menos tres veces la carne con la grasita que haya soltado durante el cocimiento.

9. Para servirla se quita el hilo, se acomoda sobre un platón caliente y se adora con las verduras fritas espolvoreadas con el perejil picado.

FILETE A LA PIMIENTA

4 personas

Se hacen igual que los filetes Rossini, sólo que aquí se le pone bastante pimienta negra a la carne antes de freírla, y después de flamearla con el coñac se le añaden 2 o 3 cucharadas de la misma. Se omite el paté.

Nota: Se sirve con puré de papas o con papas rellenas al horno.

FILETE AL VINO TINTO

6 personas

1 kilo de filete
Mostaza
10 tiras de tocino
1 ½ tazas de vino tinto
Hierbas de olor
Sal y pimienta
½ taza de crema

1. El filete se unta muy bien con mostaza y se deja reposar 20 minutos.
2. Se envuelve con las tiras de tocino y se amarra.
3. Se fríe con la misma grasa que suelta el tocino.
4. Se mete al horno muy caliente a 350°C con el vino y las hierbas de olor, sal y pimienta durante 18 minutos.
5. La salsa se cuela y se le añade la crema.

FILETE DE RES ASADO

6 personas

1 caña de filete de 1 ½ kilogramo aproximadamente
2 zanahorias en tiras
1 rama de apio
2 ramas de perejil
1 diente de ajo
1 cebolla grande
2 tazas de vino blanco
1 taza de vino de jerez
8 pimientas de grano
Hierbas de olor
Sal y pimienta
2 cucharadas de manteca para freír o de aceite de maíz

1. El filete se marina con todos los ingredientes la víspera.
2. Se precalienta el horno con minutos de anticipación en lo más caliente.
3. Se escurre y se fríe en la manteca o el aceite a que quede bien doradito por todos lados.
4. Se sazona con sal y pimienta.
5. Se le agregan las verduras de la marinada y ¼ de taza de la misma.
6. Se precalienta el horno con 30 minutos de anticipación en lo más caliente.
7. Se mete el filete durante 13 minutos para que quede en su punto.

Se puede servir frío o caliente.

FILETE ROSSINI

4 personas

4 rebanadas de filete de 4 centímetros de grueso
Sal y pimienta
Mantequilla para freír
2 cucharadas de aceite de oliva
1 taza de salsa base para carnes (*ver salsas*)
¼ de taza de vino blanco
2 cucharadas de jerez
4 cucharadas de coñac
4 rebanadas de paté de foie gras

1. Los filetes se espolvorean con sal y pimienta, y se fríen en la mantequilla y el aceite 5 minutos de cada lado par que queden termino medio.
2. Se les añade la salsa base caliente junto con el vino blanco y el jerez.
3. Se flamean con el coñac, se adornan con una rebanada de paté y se sirven inmediatamente.

Nota: Se acompañan con puré de espinacas a la crema.

LENGUA DE RES ENTOMATADA

8 personas

2 kilos de lengua de res
Sal y pimienta
1 cebolla para cocer la lengua
5 dientes de ajo para cocer la lengua
Hierbas de olor
3 cucharadas de manteca de cerdo o de aceite de maíz
½ cebolla picadita
1 ½ kilos de jitomate
1 cucharadita de azúcar
¾ de taza de caldo donde se coció la lengua
6 papas peladas y cocidas
Chiles xalapeños en vinagre

1. La lengua se pone a remojar desde la víspera en agua fría para que se le caiga bien la baba. Se lava bien, se raspa con un cuchillo filoso y se pone a cocer con agua a cubrir, sal, la cebolla partida en cuatro, los ajos y las hierbas de olor hasta que esté suavecita.

2. En las tres cucharadas de manteca o de aceite se pone a acitronar la cebolla, se le añaden el jitomate molido y colado, el caldo, sal, pimienta y 1 cucharada de azúcar. Se deja sazonar muy bien durante más o menos ½ hora.

3. La lengua se rebana, se baña con la salsa y se adorna con las papas partidas a la mitad a lo largo y fritas en manteca o aceite y con los chiles jalapeños.

LOMO DE PUERCO A LA NARANJA

4 personas

¾ de kilo de lomo de puerco abierto en filete
Sal y pimienta
2 huevos revueltos con jitomate, chile y cebolla
50 gramos de mantequilla
2 cucharadas de aceite
3 naranjas, su jugo
1 ramita de tomillo
1 hoja de laurel
½ taza de consomé de pollo

1. Se precalienta el horno a 170°C.
2. La carne se espolvorea con sal y pimienta, se rellena con los huevos revueltos, se enrolla, se amarra, con hilo de cáñamo.
3. Se fríe en la mantequilla y el aceite hasta que quede bien doradita.
4. Se le agregan el jugo de las naranjas, las hierbas de olor y ½ taza de consomé.
5. Se mete al horno precalentado en una cacerola tapada y se deja más o menos 1 hora.
6. El lomo tiene que quedar suavecito y la salsa espesa.

Nota: Se acompaña con una ensalada de chayote.

LOMO DE PUERCO CON CIRUELAS, ALMENDRAS Y VINO TINTO

8 personas

1 ½ kilos de lomo de puerco
Sal y pimienta
2 cucharadas de manteca de cerdo o aceite de maíz
1 botella de vino tinto de 750 ml
500 gramos de ciruelas deshuesadas
100 gramos de almendras peladas y afiladas
1 cucharada de extracto de carne

1. Se precalienta el horno a 180°C.
2. El lomo se espolvorea con sal y pimienta, se fríe en la manteca a que quede bien doradito.
3. Se baña con ½ botella de vino tinto y se mete al horno precalentado.
4. Se deja 1 hora y se le añaden el resto del vino, las ciruelas, las almendras y el extracto de carne y si es necesario 1 cucharada de azúcar.
5. Se deja más o menos 1 ½ horas.
6. La salsa debe quedar espesa y el lomo muy suave.

LOMO DE PUERCO EN CERVEZA

6 personas

1 kilo de lomo de puerco
6 cucharadas de aceite de oliva
4 cucharadas de vinagre
Sal y pimienta
2 clavos
1 ramillete hecho con 3 o 4 ramas de perejil, una ramita de tomillo y 1 hoja
   de laurel
60 gramos de mantequilla
1 ½ tazas de cerveza
5 o 6 cebollas
Perejil picado
100 gramos de mantequilla para acompañar

1. La noche anterior se pone a marinar el lomo en una marinada compuesta por el aceite, el vinagre, sal, pimienta, los clavos y el ramillete.
2. Al día siguiente se pone en una olla la mantequilla, las cebollas rebanadas y la carne.
3. Se dora esta última muy bien por todos lados.
4. Se agrega la marinada y la cerveza, de tal forma que la carne quede totalmente tapada de líquido.
5. Se tapa y se deja cocer lentamente durante 3 horas. En ese momento, el líquido deberá haber desaparecido casi por completo y deberá quedar una salsa espesa.
6. Se parte en rebanadas delgadas y se sirve con el perejil picado mezclado con mantequilla.

LOMO DE PUERCO EN SANGRITA

8 personas

4 chiles anchos bien limpios
3 naranjas dulces, su jugo
3 naranjas agrias, su jugo
1 cebolla mediana rebanada en ruedas grandes
¼ de taza de jarabe de granadina
½ taza de tequila blanco
1 cucharadita de sal
1 ½ kilos de lomo de puerco
1 cucharada de manteca o 2 de aceite de maíz

1. Se precalienta el horno a 180°C.
2. Los chiles anchos se ponen a remojar en agua caliente se dejan 15 minutos para que se desflemen; se muelen con el jugo de naranja.
3. Se cuela y se le agregan la cebolla, la granadina, el tequila y la sal.
4. La carne se salpimienta, se dora muy bien en la manteca.
5. Se le añade la sangrita y se mete al horno precalentado durante más o menos 1 ½ horas o hasta que esté suave.
6. Se baña con su misma salsa cada 15 minutos.

Nota: Se sirve con frijoles refritos.

LOMO DE PUERCO RELLENO

6 personas

¾ de kilo de lomo de puerco abierto, en filete
5 chiles anchos
8 chiles morita
2 chiles pasilla (si se quiere picosa)
1 jitomate grande, asado y pelado
10 dientes de ajo
2 o 3 cominos
½ cebolla par la salsa
Hierbas de olor
1 raja de canela
⅛ taza de vinagre
1 ½ tazas de consomé
Sal y pimienta al gusto
½ cebolla picadita acitronada en la grasa que soltó el tocino y mezclada con 1 cucharada de perejil picadito
10 rebanadas de tocino fritas y desmenuzadas
4 huevos cocidos

1. Se precalienta el horno a 170°C.
2. A los chiles se les quitan las semillas y las venas y se ponen a dar un hervor en agua para que se ablanden.
3. El jitomate se licua con los chiles, 3 dientes de ajo, los cominos, las hierbas, la canela, el vinagre, una taza de consomé y se cuela.
4. Si queda muy espeso se le agrega más consomé. Se salpimienta.
5. Se embarra con la salsa por dentro, se le esparce la cebolla frita y el tocino.
6. Los huevos cocidos se colocan en el centro. Se enrolla.
7. Se amarra con hilo de cáñamo y se dora muy bien por todos lados, en la grasa que soltó el tocino al freírlo junto con el resto de los dientes de ajo.
8. Ya que está bien frito se retiran los ajos y se baña con la salsa.

9. Se mete al horno precalentado durante más o menos 1 hora a 1 ¼.

10. Tiene que estar suave.

Nota: Se sirve acompañado de frijoles refritos o con puré de papas.

MOLE VERDE

6 personas

1 ½ kilos de lomo de puerco
1 cebolla
6 dientes de ajo
¼ taza de perejil más 1 rama
hierbas de olor
4 cucharadas de consomé de pollo
8 a 12 chiles serranos, según el gusto
¾ de kilo de tomates verdes
¼ de taza de cilantro
6 colas de cebolla
1 manojo de hojas de rábano
¾ de lechuga orejona mediana
6 cominos
1 ramita de epazote
3 cucharadas de manteca de cerdo o de aceite de maíz
375 gramos de pepita molida (así la venden)
4 papas cocidas, peladas y partidas en cubitos
4 calabacitas partidas en cubitos
Sal, pimienta y consomé concentrado en polvo
200 gramos de chícharos cocidos

1. El lomo se pone a cocer con una cebolla, 2 dientes de ajo, una rama de perejil, hierbas de olor y 2 cucharadas de consomé.

2. Todos los demás ingredientes menos la pepita, las papas y las calabacitas se muelen en la licuadora y se fríen en la manteca.

3. Ya que está todo bien frito se le añade la pepita, que se habrá disuelto previamente en dos tazas de consomé colado donde se coció la carne.

4. Se sazona con sal, pimienta y el resto del consomé en polvo.

5. Se le añade la carne en rebanadas, las calabacitas crudas y las papas cocidas y los chícharos.

6. Se deja cocer a fuego lento hasta que las verduras estén suaves.

7. Si queda muy espeso se le agrega más caldo.

PATÉ DE HÍGADO DE PUERCO

8 personas

1 kilo de hígado de puerco
1 cebolla mediana
2 zanahorias
1 cucharada de sal
1 hoja de laurel
1 ramita de mejorana
1 rebanada de pan blanco
150 gramos de mantequilla
¼ litro de crema
2 clavos
1 raja de canela
Nuez moscada
Pimienta blanca
1 la de trufas (opcional)
2 litros de agua

1. El hígado se lava muy bien, se pone a cocer durante tres horas en el agua con la cebolla, las zanahorias y las hierbas de olor.
2. Se escurre y se muele con el pan remojado en leche, la mantequilla, la crema y las especies. Se salpimienta.
3. Se pasa por una coladera fina, se le añaden las trufas picaditas.
4. Se unta una budinera con mantequilla, se vierte la pasta y se cuece a baño María durante1 hora.
5. Se deja enfriar y se vacía.

PIERNA DE CARNERO MARINADA EN VINO TINTO

12 personas

1 ½ tazas de aceite de oliva
200 gramos de cebolla cortad en rodajas
200 gramos de zanahorias cortadas en tiras
80 gramos de chalotas
60 gramos de apio
4 dientes de ajo
30 gramos de azúcar
10 ramitas de perejil
½ litro de vinagre de vino
3 botellas de vino tinto
20 gramos de sal (1 C). No debe pasarse de sal porque con el cocimiento
    se puede salar la carne
3 pimientas de grano
Jengibre, tomillo, romero, salvia, albahaca, clavos de olor y pimienta de cayena
Harina
1 pierna de carnero de 3 kilos o 2 piernas de 1 ½ kilos
Harina

1. Se pone a freír en el aceite la cebolla, las zanahorias, las chalotas, el apio y el perejil.
2. Ya que está todo bien frito se le añaden el vinagre, el vino, la sal, la pimienta y todos los demás ingredientes. Se deja hervir 15 minutos y se retira del fuego.
3. Se deja enfriar y en esta salsa se pone a marinar en el refrigerador, la pierna de carnero durante 2 o 3 días teniendo el cuidado de voltearla de vez en cuando.
4. Se retira la pierna de la marinada.
5. Se saca y se revuelca en harina; se mete al horno caliente a 250°C a que dore un poco.
6. Se le añade la marinada.

7. Se baja el calor al horno a 180°C y se deja cocer durante 5 o 6 horas.

8. Tiene que quedar tan suavecita que se desbarate.

9. No se rebana. La carne debe desprenderse con cuchara y tenedor.

Nota: Se sirve acompañada de puré de papas y jalea de frambuesa.

PIERNA DE PUERCO "CAÑAMELAR"

12 personas

1 pierna de puerco de 5 o 6 kilos
1 kilo de cebolla rebanada en ruedas
3 dientes de ajo
3 litros de consomé al que se le habrá añadido bastante pimienta y sal

1. La pierna se espolvorea con pimienta.
2. Se pica muy bien por todos lados con un tenedor de cocina.
3. Se dora un poquito sobre la estufa con su propia grasa.
4. Se coloca en una charola de horno, se cubre con la cebolla y los dientes de ajo, se baña con el consomé y se mete al horno 30 minutos a 220°C bañándola cada 15 minutos.
5. Luego se baja la temperatura a 180°C y se continúa bañando la pierna cada 20 minutos hasta el final de su cocimiento.
6. Tarda de 3 ½ a 4 horas en estar.

Nota: Si es necesita más consomé se le añade.

Se sirve con camote cocido espolvoreado con azúcar y frito en mantequilla.

PIERNA DE TERNERA A LA ESPAÑOLA

8 personas

1 ½ kilos de pierna de ternera bien limpia y sin nervios
150 gramos de manteca o ¾ taza de aceite de oliva
¼ de litro de consomé o caldo

Para la salsa
50 gramos de cebolla
50 gramos de zanahorias
30 ramitas de perejil
3 clavos
8 pimientas negras
1 hoja de laurel
1 ramita de mejorana
300 gramos de jitomate pelado
6 hebras de azafrán
50 gramos de pan de sal remojado en leche
2 pimientos morrones

1. La carne se mete al horno a 230°C con la manteca, durante 30 minutos, volteándola de vez en cuando para que dore pareja.
2. Se saca, se le añade la salsa y se vuele a meter al horno 30 minutos más.
3. Pasado este tiempo se le agrega ¼ de litro de consomé
4. Se baja el calor del horno a 170°C y se hornea 1 hora más.
5. Se rebana la carne, se baña con la salsa.
6. Se sirve con papas al vapor o con arroz blanco.

Salsa
1. Todos los ingredientes de la salsa se muelen en la licuadora, se cuelan y se pone sor la carne.

PIERNA DE VENADO AL HORNO

4 personas

1 kilo de pierna de venado
1 kilo de harina
1 botella aproximadamente, de vino blanco seco
2 zanahorias partidas en tiras
1 cebolla grande partida en cuatro
2 clavos
2 hojas de laurel
6 pimientas
2 tazas de vino jerez dulce o de vino madeira
1 cucharada de sal

1. Se precalienta el horno a 170°C.
2. Se cierne la harina con la sal, se hace un círculo y en el centro se le pone el vino poco a poco hasta formar una pasta tersa.
3. Se extiende con el rodillo y se envuelve la pierna.
4. La pierna debe golpearse muy bien por todos lados se salpimienta y se envuelve.
5. Ya envuelta se coloca en una charola de horno.
6. Se rodea con las zanahorias, la cebolla, los clavos, las hojas de laurel, los pimientos y el jerez.
7. Se mete al horno precalentado durante 4 horas.
8. Se le quita la masa y se sirve.

Nota: Se sirve acompañada de puré de perón.

PICADILLO

6 personas

1 kilo de lomo de puerco molido
1 cebolla y 1 ajo para cocer la carne
100 gramos de mantequilla
½ cebolla grande picada finamente
4 tazas de jitomate molido y colado
Sal, pimienta y azúcar al gusto
1 manzana pelada y picada finamente
100 gramos de almendras peladas y picadas

Para el picadillo de los chiles en nogada
2 duraznos pelados y picados
2 plátanos manzanos picados
1 pedacito de biznaga picadito

1. Se pone a cocer la carne molida en agua con 1 cebolla, 1 diente de ajo y sal. Se cuela.
2. Se fríe la cebolla en la mantequilla, cuando esté acitronada añádale el jitomate molido y colado.
3. Ya que está chinito (o sea bien frito) se agrega la sal, pimienta, azúcar y la manzana.
4. Se deja hervir 2 minutos más y se añade la carne y las almendras.
5. Se salpimienta y con esto se rellenan los chiles y las empanadas.

Nota: Para los chiles en nogada se añade el resto de la fruta al mismo tiempo que la manzana.

POZOLE JALISCIENSE

10 personas

750 gramos de maíz cacahuazintle ya descabezado (lo venden en las tiendas de autoservicio) propio para el pozole
1 cabeza de ajos
2 kilos de lomo de puerco cocido y el caldo donde se coció
½ cebolla
200 gramos de chile ancho
1 lechuga rebanada finamente
Orégano
Rabanitos, desinfectados y rebanados
Cebolla picada
Limones en cuarterones

Para la salsa picosa
15 chiles morita asados y sin semillas
10 chiles cascabel asados y sin semillas
½ taza de vinagre
1 cucharada de orégano

1. Se enjuaga muy bien el maíz para pozole y se pone en una cacerola con agua a cubrir y la cabeza de ajo.
2. Se deja cocer a fuego lento hasta que esté suave.
3. La carne se pone a cocer con ½ cebolla y sal hasta que esté muy suave.
4. Se parte entonces en trozos grandes.
5. A los chiles anchos se les quitan las semillas, se ponen a ablandar en agua hirviendo, se muelen y se cuelan en la olla donde están los granos de maíz.
6. Se agregan ahí mismo los trozos de carne y un poco de caldo donde se cocieron.
7. Se sazona. Se deja hervir todo junto 15 minutos.
8. El caldo del pozole tiene que quedar espeso.

9. Se sirve muy caliente en una olla de barro y se acompaña con los demás ingredientes, que se pondrán en un platón aparte para que cada persona los sirva al gusto, al igual que la salsa picosa.

Salsa:

1. Se muele todo muy bien y se pone en una salsera.

Nota: Antes de servirse se retira la cabeza de ajos.

SALPICÓN DE RES

10 personas

1 ½ kilo de falda de res
6 zanahorias peladas y cortadas en cubitos
6 papas medianas cocidas, peladas y cortadas en cubitos
1 taza de chícharos cocidos
1 lata de chiles chipotles en adobo
1 cucharada de cilantro picado
8 cucharadas de aceite de oliva
4 cucharadas de vinagre
Sal y pimienta

Para adornar
4 jitomates medianos
1 cebolla mediana
2 aguacates

1. La falda de res se pone a cocer hasta que está suavecita.
2. Se deja enfriar y se desmenuza.
3. Se le añaden las zanahorias, las papas, los chícharos, un poco de jugo de los chipotles y el cilantro.
4. Se hace una vinagreta con el aceite, el vinagre, sal y pimienta y con esto se adereza lo anterior.
5. El jitomate se pela metiéndolo unos segundos en agua hirviendo.
6. La cebolla se rebana finamente y se pone a desflemar unos minutos en un poco de vinagre.
7. El aguacate se pela y se parte en tiras.
8. En un platón se pone la carne y se adorna cubriéndola con el jitomate, las ruedas de cebolla, el aguacate y unos chiles chipotles.

Nota: Se puede sustituir la carne de res por pechuga de pollo.

SESOS DE TERNERA EMPANIZADOS

6 personas

2 pares de sesos de ternera
Harina
Sal y pimienta
Harina
1 huevo
Pan rallado
Aceite de maíz

1. Se ponen a remojar dos pares de sesos de ternera en agua fría durante 30 minutos; luego se les quita la gruesa membrana que los cubre y hay que cerciorarse de que queden perfectamente blancos y sin sangre.
2. Se divide en 6 porciones.
3. Se ponen en agua hirviendo a cubrir, se tapan y se dejan hervir a fuego lento durante 15 minutos.
4. Se cuelan y de inmediato se pasan a un recipiente con agua fría.
5. Cuando estén fríos se escurren, se sazonan con sal y pimienta, se pasan por harina, luego por el huevo medio batido sazonado con sal y por último pan rallado finamente.
6. Se ponen en la canasta freír y se fríen en aceite de maíz bien caliente, durante 7 minutos.

Nota: Se sirven con salsa ravigote o salsa tártara.

TERNERA BOUDIGNON

8 personas

1 ½ kilos de ternera
150 gramos de tocineta rebanada en cubos
25 cebollitas de cambray
100 gramos de jamón crudo cortado en tiritas de 1 centímetro
1 cucharada de harina
½ litro de vino blanco
½ litro de consomé
Hierbas de olor
2 jitomates medianos pelados y despepitados
½ kilo de hongos
2 dientes de ajo picados
100 gramos de mantequilla
Sal y pimienta al gusto

1. En una cacerola se pone a acitronar el ajo en la mantequilla.
2. Luego se añade ahí la carne y se dora muy bien por todos lados.
3. Se agrega la harina, se fríe unos segundos y se añade el vino, el consomé y las hierbas de olor.
4. En una cazuela se pone la tocineta con las cebollitas y el jamón a que quede todo bien frito.
5. Se le agrega luego el jitomate y se deja sazonar a que quede espesito.
6. Se juntan las dos cosas, se le agregan los hongos rebanados.
7. Se tapa y se deja cocer hasta que la carne esté suave (más o menos 1 ½ horas).

TOURNEDOS AL COÑAC

4 personas

4 tournedos (rebanadas de filete de 4 centímetros)
90 gramos de mantequilla
2 cucharadas de aceite de oliva
Sal
4 fondos de alcachofa grandes cocidos
1 hueso de tuétano, grande
¼ de litro de crema de preferencia dulce y espesa
16 champiñones frescos
1 vasito de coñac
Pimienta

1. Se les pone la pimienta a los tournedos y se fríen en la mantequilla y el aceite, 3 minutos de cada lado para que queden a la inglesa, 5 minutos de cada lado para término medio y 7 minutos de cada lado para bien cocido.
2. Se les pone sal.
3. Se colocan e un platón los 4 fondos de alcachofa, se les añade un tournedos a cada uno.
4. Se adornan con una rebanada de tuétano cocido con anterioridad en agua con sal.
5. Se fríen los champiñones en la misma grasa que se frío la carne
6. Se añade la crema. Se salpimienta.
7. Se deja hervir unos minutos, se entibia el coñac, se flamea y se añade a la salsa.
8. Se cubre con esto los tournedos, que se habrán mantenido calientes tapándolos con un plato.

CAPITULO 7

SALSAS

ÍNDICE

ALEMANA

Añádale 1 cucharadita de jugo de limón y 1 yema de huevo a la salsa velouté # 2

SALSA BASE PARA CARNES

Los desperdicios que quedan cuando se limpia un filete; es decir, las carnes de los lados de una caña de filete y la cola

½ taza de aceite de maíz
750 gramos de hueso de tuétano
¼ de kilo de poros picados
¼ de kilo de apio picado
¼ de kilo de zanahorias picadas
¼ de kilo de cebolla picada
1 taza de vino tinto
100 gramos de maicena
½ taza de puré de jitomate
1 cucharadita de azúcar
Sal
Pimienta negra molida
¼ de taza de jerez seco

1. En una cacerola se pone el aceite a quemar, se agregan los huesos de tuétano y los desperdicios del filete.
2. Se dora todo muy bien y se añaden las verduras a que se doren también y se le pone agua a cubrir.
3. Se tapa y se deja hervir a fuego muy lento durante 3 horas.
4. Se pasa por el chino y se deja enfriar para poder desgrasarlo.
5. Se desgrasa y se vuelve a calentar, se le agrega el vino, la maicena disuelta, la salsa de jitomate, el azúcar, sal, pimienta y el jerez seco.
6. Se deja que hierva unos minutos y se vuelve a colar.

Nota: Esta salsa que es una salsa base, se guarda en el congelador y se sirve para el filete a la pimienta, el filete Rossini, etcétera.

SALSA BEARNESA

4 cucharadas de vinagre al estragón
4 cucharadas de vino blanco
1 chalota o 10 ramitas de cebollín
1 ramita de estragón fresco o ½ cucharadita de estragón seco
Sal y pimienta al gusto
3 yemas de huevo pequeñas
175 gramos de mantequilla cortada en pedazos del tamaño de 1 nuez
½ cucharadita de cebollín finamente picado
1 cucharada de hojas de estragón finamente picadas

1. Se hace una infusión con el vinagre, el vino, la chalota picada, la ramita de estragón, la sal y la pimienta y se deja reducir a la mitad (o sea que quede 2 cucharadas de líquido). Es mejor hacer esto con anticipación para que se aromatice bien.

2. Una vez fría se cuela por una coladera fina, presionando sobre las hierbas para extraer toda la esencia.

3. La salsa: Se pone en la parte de arriba de una cacerola para baño María las yemas, la infusión, un pedacito de mantequilla, sal y pimienta. Se coloca sobre la otra parte de la cacerola, que deberá estar sobre la lumbre llena a ⅓ de su capacidad con agua a punto de hervir o hirviendo muy suavemente.

4. Se bate sin cesar con el batidor de alambre hasta que se integre la mantequilla; se añade entonces otro pedacito de mantequilla y así sucesivamente hasta terminar con ella.

5. Se retira la salsa de la lumbre y se le añade el cebollín y el estragón picaditos.

6. La salsa tiene que quedar con consistencia de mayonesa espesa y debe servirse tibia.

Nota: Si se corta puede arreglarse poniendo la salsa en otro traste, enfriando el recipiente donde se encontraban poniendo ahí una yema añadiendo poco a poco la salsa cortada, batiendo fuertemente con el batidor de alambre y volviendo a colocar la cacerola a baño María sobre agua muy caliente pero no hirviendo.

Se bate con un batidor de alambre para que vuelva a tomar la consistencia deseada.

SALSA BLANCA # 1 PARA SOPAS

1 cucharada de mantequilla
1 cucharada de harina
¼ de cucharadita de sal
1 pizca de pimienta
1 taza de leche tibia

1. Se pone a derretir la mantequilla, se añade la harina, la sal y la pimienta.
2. Se mueve unos segundos.
3. Se vierte la leche poco a poco moviendo constantemente con un batidor de alambre.
4. Se deja hervir 2 minutos y se retira de la lumbre.

SALSA BLANCA # 2 PARA VEGETALES Y PESCADOS

2 cucharadas de mantequilla
1 cucharadita de harina
Sal y pimienta
1 taza de leche

1. Se hace igual que la anterior.

SALSA BLANCA # 3 PARA SOUFFLÉS

3 cucharadas de mantequilla
3 cucharadas de harina
Sal y pimienta
1 taza de leche

1. Se hace igual que la anterior.

SALSA BLANCA # 4 PARA CROQUETAS

4 cucharadas de mantequilla
⅓ de taza de harina
Sal y pimienta
1 taza de leche

1. Se hace igual que la anterior.

SALSA BLANCA A LA CREMA

Se hacen las salsa # 1, 2 y 3 usando crema en lugar de leche. Es más fina y un poco más pesada.

SALSA BLANCA CON HUEVO

Se añade una yema ligeramente batida a la salsa blanca # 2, justo antes de servirla.

SALSA BORRACHA

2 chiles pasilla asados, desvenados y sin semillas
2 chiles anchos asados, desvenados y sin semillas
2 chiles mulatos asados, desvenados y sin semillas
2 tazas de pulque
1 cucharada de vinagre
1 cucharada de aceite de oliva
Orégano al gusto
1 cucharadita de azúcar al gusto

1. Los chiles se remojan en el pulque y se desbaratan con los dedos.
2. Se le añaden los demás ingredientes.

Nota: Se sirve con la barbacoa o con carne asada.

SALSA CUMBERLAND

1 sobrecito de grenetina
4 naranjas jugosas
1 taza de jalea de zarzamora o de frambuesa
1 taza de vino tinto

1. La grenetina se pone a remojar en ¼ de taza de agua fría.
2. En una cacerola se ponen el jugo de la naranja, la jalea y el vino, a hervir.
3. Ya que está hirviendo se divide esta salsa en dos partes.
4. A la primera se le agrega la grenetina y con eso se cubre el molde donde se va a poner el paté chaudfroid, se mete al refrigerador para que cuaje.
5. La segunda se vuelve a poner sobre la lumbre y se deja hervir hasta que espese.

Nota: Esta salsa se pone en una salsera y se sirve fría acompañando al paté.

SALSA DE CASTAÑAS

3 cucharadas de mantequilla
2 cucharadas de cebolla picada
2 cucharadas de zanahorias peladas y picadas
3 cucharadas de harina
1 ½ hoja de laurel
2 cucharadas de perejil picado
8 granos de pimienta
Sal
Unas gotas de colorante rojo
3 cucharadas de vino de Madeira o en su defecto de jerez dulce
1 cucharada de mantequilla
1 taza de castañas cocidas y picadas

1. Se fríen en la mantequilla las zanahorias y las cebollas durante 5 minutos.
2. Se añade la harina y se mezcla muy bien.
3. Se agrega el caldo, el laurel, el perejil y la pimienta. Se deja cocer a fuego lento durante 20 minutos.
4. Se cuela la salsa y se sazona con sal.
5. Se añade el colorante, el vino, la cucharada de mantequilla y las castañas.
6. Rinde 2 ½ tazas.

Nota: Se sirve con animales de pluma o con asados.

SALSA ESPAÑOLA

3 cucharadas de manteca de cerdo
3 cebollas de rabo partidas en cuatro con todo y rabo
2 zanahorias peladas y rebanadas
3 hojas de laurel
2 ramitas de tomillo
2 ramitas de mejorana
750 gramos de aguayón cortado en trozos chicos
2 jitomates pelados y picados
1 cucharada de harina
1 ½ litros de caldo
Sal y pimienta al gusto

1. En la maneca se fríen las cebollas, las zanahorias, las hierbas de olor y la carne hasta que todo esté bien dorado.
2. Se le agregan los jitomates y se fríe unos minutos más, se añaden la harina y el caldo.
3. Se deja hervir 2 horas a fuego lento hasta que se consuma a una cuarta parte.
4. Se cuela y se sazona con sal y pimienta.
5. Debe tener la consistencia de una crema suave.
6. Es una salsa base a la que se le pueden añadir infinidad de cosas tales como vino de madeira, jerez, oporto, champiñones, higaditos de pollo, etcétera.

SALSA DE JITOMATE # 1

3 jitomates medianos partidos en trozos
1 cebolla mediana partida en trozos
Sal y pimienta

1. Se ponen todos los ingredientes en una cacerola tapada sobre la lumbre hasta que estén bien cocidos.
2. Se muelen licuan y se cuelan.

SALSA DE JITOMATE # 2

3 jitomates asados, pelados y vaciados
1 cebolla mediana picada finamente
2 cucharadas de mantequilla
1 cucharada de aceite de oliva
1 hoja de laurel
1 cucharadita de orégano
1 cucharadita de tomillo
Sal y pimienta al gusto

1. Los jitomates se licuan y se cuelan.
2. La cebolla se pone a acitronar en la mantequilla y el aceite.
3. Se le agregan el jitomate, las hierbas de olor, la sal y la pimienta.
4. Se deja a que se sazone bien el jitomate y a que la salsa espese.
5. Se cuela.

Nota: Se sirve con pastas.

DE JITOMATE # 3 (FRITA)

2 ½ kilos de jitomate frescos
½ taza de agua
3 ramas de apio con todo y hojas picadas
Sal y pimienta
1 cebolla picada
4 cucharadas de aceite de oliva

1. Se ponen a cocer los jitomates con el agua, el apio, sal y pimienta hasta que esté bien cocido.
2. Se muele y se cuela.
3. Se acitrona la cebolla con el aceite, se añade el jitomate y se deja espesar tapado a fuego lento durante 1 hora.
4. Se salpimienta.

DE MENTA PARA LA PIERNA DE CARNERO

½ taza de vinagre de manzana
¼ de taza de azúcar
1 taza de hojas de menta molidas en un molinito
2 gotas de color vegetal verde

1. Se pone un cazo chico con el vinagre y el azúcar sobre la lumbre, se revuelve todo muy bien.
2. Cuando suelta el hervor se le añade la menta de golpe, se tapa y se deja hervir 1 minuto.
3. Se saca del fuego y si está muy fuerte de sabor se le añade 1 cucharada de agua hirviendo y color vegetal.

HOLANDESA

3 cucharadas de buen vinagre
2 cucharadas de agua fría
½ cucharadita de sal
1 pizca de pimienta
3 yemas de huevo grandes
200 gramos de muy buena mantequilla cortada en trozos del tamaño de
     una nuez
½ limón, su jugo

1. Se pone a reducir el vinagre con 2 cucharadas de agua fría, sal y
    pimienta hasta que se reduzca a 1 cucharada, se deja enfriar y se
    añade ½ cucharada de agua fría.
2. Se procede como para la salsa bearnesa (ver *salsa bearnesa*).
3. Se añade 1 cucharadita de jugo de limón, se sazona.

Nota: Si durante la cocción nota que la salsa se espesa demasiado se
añade ½ cucharadita de agua fría. El máximo de agua que se puede añadir
en esta forma es un total de 1 ½ cucharada de agua fría.

Si se comienza a separar la mantequilla y las yemas a tornarse grumosas,
se retira inmediatamente la salsa de la lumbre, se agrega 1 cucharada de
agua muy fría, se bate fuertemente con el batidor de alambre hasta que
vuelva a tomar un aspecto normal.

Se coloca de nuevo a baño María sobre la lumbre y se continúa añadiendo
la mantequilla. Si a pesar de todo esto se corta, se compone de la misma
forma que la salsa bearnesa.

SALSA HOLANDESA FÁCIL

3 cucharadas de mantequilla
3 yemas de huevo
1 cucharadita de harina de maíz
1 ½ cucharada de jugo de limón
1 taza de agua hirviendo
½ cucharadita de sal
⅛ cucharadita de páprika (optativa)

1. Se rebana la mantequilla.
2. Se añaden las yemas y bata bien.
3. Se agregan la harina de maíz y el jugo de limón.
4. Justo antes de servirla se añade muy, muy despacio, el agua hirviendo.
5. Se pone la cacerola sobre agua hirviendo, pero que no toque el agua la cacerola, o bastante alto sobre una flama baja.
6. Se mueve hasta que espese.
7. Se agrega la sal y la páprika.

Nota: Se usa para pescados, pollo, corazones de alcachofas.

SALSA MARENGO

3 jitomates grandes, pelados y vaciados
1 zanahoria pelada y cortada en ruedas delgadas
2 cebollas de rabo picadas con todo y rabo
3 hojas de laurel
1 pizca de orégano
½ litro de caldo
6 cucharadas de aceite de oliva
12 aceitunas deshuesadas
1 cucharada de perejil picadito
2 pimientos morrones cortados en tiras delgadas
Sal y pimienta al gusto

1. En una cacerola se ponen los jitomates, la zanahoria, la cebolla, las hierbas de olor y el caldo.
2. Se cuece a fuego lento durante 30 minutos.
3. Se cuela, se fríe en aceite y se le añaden los demás ingredientes.

Nota: Se usa para pollo, huevos y pescado.

SALSA MAYONESA

2 yemas de huevo
2 cucharadas de jugo de limón
½ cucharadita de sal
1 pizca de pimienta
¼ cucharadita de mostaza en polvo
1 taza de aceite de oliva (o ½ de aceite de oliva y ½ de aceite de maíz)

1. En un traste se mezclan las yemas, el jugo de limón, la sal, la pimienta y ¼ de cucharadita de mostaza en polvo.
2. Se le agrega 1 cucharadita de aceite y se comienza a batir con el batidor de alambre o con el batidor eléctrico.
3. Se agregan el aceite muy poco a poco sin dejar de batir.
4. Al último se le añade 1 cucharadita de agua caliente.
5. Si se le corta, se pone una yema en otro traste y se comienza de nuevo a agregar poco a poquito la mayonesa cortada batiendo vigorosamente.

SALSA MAYONESA AL AGUACATE

1 taza de salsa mayonesa
1 aguacate maduro grande o 2 medianos
2 cucharadas de cilantro picado
1 chile serrano muy picadito
El jugo de ½ limón
¼ taza de crema

1. Se mezcla todo muy bien, se sazona con sal.

Nota: Se sirve con camarones.

SALSA MORNAY

1 ½ tazas

1. Se hace una salsa blanca de crema y se le añaden 2 cucharadas de queso gruyere, 2 cucharadas de queso parmesano, 2 cucharadas de mantequilla y unos granos de pimienta de Cayena.

Nota: Sirve para verduras, huevos y pescado.

MUSELINA

A 1 taza de salsa holandesa se le añade ½ taza de crema dulce batida.

Nota: Muy buena para servirla sobre pechugas de pollo cocidas o sobre filetes de pescado hervidos en agua con verduras y escurridos.

SALSA OSCURA

2 cucharadas de mantequilla
1 rebanadita de cebolla
2 cucharadas de harina
1 taza de consomé o de pulpa de jitomate
Sal al gusto
Jerez, vino de madeira o salsa inglesa (opcionales)

1. Se derrite la mantequilla.
2. Se añade la cebolla y se fríe hasta que esté ligeramente oscura.
3. Se retira la cebolla.
4. Se deja que se oscurezca la mantequilla, ligeramente. Cuidando que no se queme.
5. Se añade la harina y mueve constantemente hasta que esté oscura.
6. Se agrega el caldo o la pulpa del jitomate.
7. Se deja hervir unos minutos.
8. Se sazona con sal y cualquiera de los ingredientes que usted desee.

Nota: Esta salsa se sirve con carne.

SALSA RAVIGOTE

1 taza de salsa blanca ligera
¼ de taza de jugo de limón
1 cucharada de vinagre al estragón
1 cucharada de chalotas picaditas
1 cucharada de perejil picadito
1 cucharada de hojas de estragón picaditas
1 cucharada de cebollín
1 cucharada de mantequilla

1. Se añade a la salsa blanca caliente todos los ingredientes menos la mantequilla.
2. Se mantiene caliente durante 5 minutos.
3. Se cuela y se añade la mantequilla.
4. Se sirve caliente o fría.

SALSA SUPREMA

Se añade una yema de huevo a la salsa velouté # 2 justo antes de servirla.

SALSA TÁRTARA

1 taza de salsa mayonesa
1 cucharadita de cebolla rallada
8 alcaparras en vinagre picaditas
1 pepinillo dulce chico picadito
1 huevo duro picado finamente

1. Se mezcla todo muy bien.

Nota: Esta salsa se sirve con marisco o pescado empanizado.

SALSA VELOUTÉ # 1

2 cucharadas de mantequilla
2 cucharadas de harina
Sal y pimienta
1 taza de caldo de pollo o de res

1. Se hace igual que la salsa blanca.

SALSA VEOLUTÉ # 2

2 cucharadas de mantequilla
2 cucharadas de harina
Sal y pimienta
1 taza de caldo de pollo o de res
⅓ de taza de crema

1. Se hace igual que la anterior.

SALSA VINAGRETA

4 cucharadas de aceite de oliva
2 cucharadas de vinagre de vino
1 cucharadita de sal
Pimienta al gusto
1 cucharadita de azúcar

1. Se pone a todo en un frasco, se cierra y se agita muy bien.

Nota: Se usa en todo tipo de ensaladas.

CAPITULO 8

VEGETALES Y VERDURAS

ÍNDICE

ALCACHOFAS RELLENAS

8 personas

8 alcachofas grandes cocidas en agua a la que se le agrega
1 cucharada de vinagre
3 tazas de carne de cangrejo o camarones pequeñitos o carne de langosta
1 ⅓ tazas de apio picadito
¼ taza de pimientos verdes picaditos
¾ taza de mayonesa
2 cucharadas de cebollín o de perejil picaditos
Mayonesa para decorar

1. Se les quita a las alcachofas el cono de hojas que tienen en el centro y los pelitos.
2. Se recortan los picos de las demás hojas con unas tijeras.
3. Se le quita la carne a ese cono y se mezcla con los demás ingredientes.
4. Se vuelve a rellenar con esto las alcachofas.
5. Se sirven frías adornadas con 1 cucharada de mayonesa.

BERENJENAS A LA NAPOLITANA

6 personas

4 berenjenas medianas
Sal y pimienta
Harina
Aceite para freír

La salsa
1 kilo de jitomate
½ cebolla chica
100 gramos de mantequilla
4 dientes de ajo medianos
2 cucharadas de perejil picado
1 hojita de laurel
1 ramita de tomillo
1 cucharada de azúcar
100 gramos de queso parmesano rallado

1. Las berenjenas se limpian muy bien con un trapo, se rebanan en rodajas como de ½ centímetro, se les pone sal y se dejan desflemar por los menos 30 minutos en una coladera, para que escurran.
2. Se secan con papel absorbente.
3. Se pasan por harina y se fríen de los dos lados en aceite muy caliente.
4. Se escurren sobre papel absorbente.
5. Se van acomodando en un platón refractario engrasado con mantequilla.
6. Se añade una de salsa de jitomate, otra de queso y así sucesivamente hasta terminar con queso.
7. Se rocía con mantequilla derretida.
8. Se mete todo esto al horno a 200°C. durante unos minutos para que gratine.

La salsa

1. Los jitomates se lavan, se parten en cuarterones y se les quita la semilla.
2. En una cacerola se pone la cebolla picada con 25 gramos de mantequilla para que se acitrone, se le añaden los ajos y las hierbas de olor, se fríe 1 minuto.
3. se les agrega el jitomate y el perejil.
4. Se sazona con sal, pimienta y el azúcar.
5. Se tapa y se deja cocer por 25 minutos a fuego lento
6. Se licua y se cuela.
7. Si queda muy espeso se le añade un poquito de agua.
8. Se vuelve a poner sobre la lumbre y se le añaden 25 gramos de mantequilla.

BERENJENAS CON TOCINO

4 personas

2 berenjenas rebanadas en rodajas de 1 centímetro de espesor
120 gramos de mantequilla
6 a 8 rebanadas de jitomate, de 1 centímetro de espesor
6 a 8 rebanadas de pan de caja cortadas en ruedas de 7 centímetros de
    diámetro, tostadas
Sal y pimienta al gusto
6 a 8 rebanadas de tocino fritas
Harina

1. Las berenjenas se ponen a desflemar con sal en una coladera, durante 30 minutos y se secan.
2. Se enharinan ligeramente las berenjenas y se fríen en los 100 gramos de mantequilla, una por una; se secan, con papel absorbente.
3. Se fríen ahí mismo las rebanadas de jitomate.
4. Se colocan sobre un platón las rebanadas de pan tostado, embarradas con el resto de la mantequilla.
5. Sobre esto se pone una rebanada de berenjena, una de jitomate, una de tocino.
6. Se sirven inmediatamente.

CAMOTES FRITOS EN MANTEQUILLA

8 personas

4 camotes morados o amarillos, grandes, cocidos, pelados y rebanados en
    rodajas de 2 centímetros de espesos
Azúcar morena
Mantequilla para freír

1. Se precalienta el horno a 170°C.
2. Se espolvorean muy bien las rodajas de camote con el azúcar.
3. Se fríen las rodajas en la mantequilla a que queden doraditas y
   con mielecita.
4. Se meten al horno precalentado 5 minutos a que se seque un
   poco.

Nota: Son muy buenas con la pierna de puerco al horno.

CEBOLLITAS GLASEADAS

6 personas

40 cebollitas de cambray, pequeñas
50 gramos de mantequilla
1 cucharada de pimienta negra
1 ½ cucharadita de sal
3 cucharadas de azúcar mascabado

1. Las cebollitas se deja con 2 centímetros de rabo solamente.
2. Se lavan. Se ponen en una cacerolita con los demás ingredientes, se tapa herméticamente y se pone sobre la lumbre más o meno 20 minutos o hasta que estén bien cocidas.
3. Se revisan de vez en cuando para que no se peguen.

COL EN VINO

6 personas

1 cebolla mediana picada
2 cucharadas de aceite de oliva
1 cucharada de semilla de hinojo
1 col mediana rebanada delgada
1 taza de jitomate pelado y cortado en cuadros grandes
Sal al gusto
½ taza de vino blanco
¼ de cucharadita de jugo de limón
¼ de taza de queso parmesano rallado

1. Se pone a acitronar la cebolla en el aceite.
2. Se añade la col y se fríe 10 minutos.
3. Se agrega el hinojo, el jitomate y la sal.
4. Se tapa y deja cocer 10 minutos.
5. Se añade el vino y el limón.
6. Se deja cocer otros 10 minutos.
7. Se espolvorea con el queso.
8. Se sirve.

COLACHE

4 personas

8 calabacitas finamente picadas
½ cebolla rallada
4 cucharadas de cilantro finamente picado
½ cucharadita de sal
1 cucharadas de azúcar
45 gramos de mantequilla (½ barrita)

1. Se ponen todos los ingredientes sobre la lumbre en una cacerola tapada.
2. Se dejan cocer a fuego lento hasta que las calabacitas estén suaves.

COLIFLOR A LA ITALIANA

6 personas

1 coliflor mediana lavada en agua con 1 cucharada de vinagre y separada en florecitas
1 diente de ajo picado
½ cebolla picada
Aceite de oliva para freír (más o menos 2 cucharadas)
1 jitomate grande pelado, sin semillas y picado
½ taza de consomé de pollo
Perejil picadito
Queso parmesano rallado al gusto

1. Se ponen a cocer las florecitas de coliflor en agua hirviendo durante 10 minutos.
2. Se escurren perfectamente.
3. Se ponen a acitronar el ajo y la cebolla en aceite de oliva.
4. Se agrega el jitomate, el consomé, sal al gusto y perejil.
5. Se deja hervir 10 minutos y se añade la coliflor.
6. Se tapa y se deja cocer a fuego hasta que esté suave la coliflor o "al dente" según el gusto de cada quién.
7. Se sirve espolvoreando con queso parmesano.

CHAMPIÑONES CON RAJAS

4 personas

400 gramos de champiñones, bien limpios
El jugo de 1 limón
Cebolla picadita
75 gramos de mantequilla
3 chiles poblanos asados, desvenados y cortados en rajas finas
1 diente de ajo
1 ramita de epazote (optativo)
Sal al gusto

1. Se limpian muy bien los champiñones con agua corriente, se ponen unos cuantos minutos en agua con limón , se escurren bien y se rebanan.
2. Se acitrona la cebolla en la mantequilla.
3. Se añaden las rajas y el ajo insertado en un palillo de dientes para poderlo retirar después y el epazote.
4. Se agregan los champiñones y se tapa la cacerola.
5. Se dejan cocer más o menos 15 minutos y se retiran del fuego.
6. Se quita el ajo. Se salpimienta.

Nota: Se sirven acompañado a la carne asada o en quesadillas.

CHAYOTES RELLENOS

4 personas

3 chayotes tiernos cocidos con todo y piel
45 gramos de mantequilla
1 cucharada de azúcar
1 pizca de sal
6 cucharadas de pan molido

1. Se precalienta el horno a 180°C.
2. Se parten los chayotes calientes a la mitad y se vacían cuidadosamente con la punta de una cuchara.
3. Con un tenedor se machaca la pulpa y se añade la mantequilla, el azúcar y la sal.
4. Se vuelven a rellenar.
5. Se cubren con pan molido y con unos trocitos de mantequilla
6. Se meten al horno caliente unos minutos a gratinar.

CHICHARITOS A LA FRANCESA

6 personas

4 tazas de chicharitos pelados
1 corazón de lechuga orejona rebanado muy finamente
2 cebollitas de cambray muy pequeñas
1 taza de agua
125 gramos de mantequilla
1 cucharada de harina
1 cucharada de azúcar
1 pizca de sal
4 ramas de perejil

1. Se ponen los chícharos con el agua, la lechuga y las cebollitas a cocer a fuego vivo en una cacerola herméticamente cerrada. Tardan de 30 a 35 minutos.
2. Se retiran del fuego, se quita el agua sobrante, se añade la mantequilla mezclada con 1 cucharada de harina, el azúcar y la sal.
3. Se vuelve a poner unos segundos sobre la lumbre y se añade el perejil picado.
4. Se sirven.

CHILES EN ESCABECHE RELLENOS DE FRIJOLES O DE ATÚN

3 personas

1 cebolla de rabo mediana rebanada
½ taza de aceite de oliva
2 dientes de ajo pelados
1 hoja de laurel
¼ cucharadita de orégano seco
1 ramita de tomillo
Sal al gusto
¾ de taza de vinagre blanco
2 tazas de frijoles negros cocidos y molidos
3 cucharadas de manteca de cerdo o de aceite de oliva
6 chiles poblanos asados y desvenados
1 lata chica de atún en aceite
1 jitomate pelado y picado
1 papa cocida pelada
Vinagreta hecha con 3 cucharadas de aceite de oliva y 1 ½ cucharada de vinagre, 2 pimientas negras y 2 clavos de olor

1. Se pone a freír la cebolla en el aceite de oliva, se añaden los ajos.
2. Cuando esté acitronada se agregan las hierbas de olor, las especies y el vinagre.
3. Se meten los chiles en lo anterior y se deja hervir 5 minutos.
4. Se retira el escabeche del fuego y se deja enfriar.
5. Se fríen los frijoles en la manteca o aceite hasta que tengan la consistencia de un puré espeso.
6. Se retiran del fuego y se rellenan con esto los chiles.
7. Si los quiere de atún, se mezcla el atún con el jitomate, las papas y la vinagreta y se rellenan los chiles.
8. Se bañan con el escabeche y se sirven fríos.

CHILE EN NOGADA

20 a 30 personas

20 a 30 chiles poblanos asados, desvenados y sin semillas, abiertos con
     cuidado, como para rellenar
200 nueces de castilla frescas, sin cáscara y sin piel
30 almendras peladas
2 quesitos Toluca o 200 gramos de queso fresco cremoso
1 bolillo remojado en leche
¼ de taza de jerez dulce o de oporto de buena calidad
½ cucharadita de sal
Azúcar al gusto
1 chorrito de crema dulce si es necesario
1 receta de picadillo *(ver picadillo)*
Harina
4 huevos para capear
Manteca o aceite de maíz para freír
2 o 3 granadas, desgranadas
Perejil fresco, para adornar

1. Se le quita perfectamente la piel a las nueces.
2. Se muelen en la licuadora o en el procesador de alimentos con
    todo lo demás.
3. Se la nogada queda muy espesa, se añade un poquito de crema.
4. Se rellenan los chiles con el picadillo.
5. Se pone un poquito de harina.
6. Se capean con huevo batido, que se hará batiendo primero las
    yemas y añadiéndole después las claras a punto de turrón.
7. Se fríen con la manteca o el aceite.
8. Se meten en la nogada uno por uno para que se cubran bien.
9. Se acomodan en el platón y se bañan con el resto de la nogada.
10. Se adornan con granitos de granada y las ramitas de perejil.

Nota: Los chiles en nogada tradicionales van capeados, aunque mucha
gente los prefiere sin capear.

Es importante que los colores de la bandera mexicana son El verde: el
perejil, El blanco: la nogada, El rojo: la granada.

CHILES RELLENOS DE VERDURAS

6 personas

12 chiles poblanos asados y desvenados, abiertos con cuidado, como para
   rellenar
¼ de taza de vinagre
Hierbas de olor
1 cebolla mediana rebanada
3 calabacitas cocidas y picadas
½ taza de ejotes cocidos y picados
2 papas cocidas y picadas
2 zanahorias cocidas y picadas
2 aguacates picados en cuadritos
1 cebollita de cambray mediana picadita
1 jitomate pelado y picado
Cilantro al gusto
Vinagreta hecha con 8 cucharadas de aceite de oliva y 4 cucharadas de
   buen vinagre
Sal y pimienta
1 ½ tazas de crema espesa
300 gramos de queso añejo desmenuzado

1. Se ponen los chiles a dar un hervor con agua, el ¼ de taza de
   vinagre, las hierbas de olor y la cebolla.
2. Se escurren y se dejan enfriar.
3. Se mezcla todas las verduras picadas y se añade la vinagreta.
   Mezclando muy bien.
4. Se agrega a lo anterior un poco de queso desmenuzado. Se
   salpimienta.
5. Se rellenan los chiles.
6. Se cubren con la crema y se espolvorean con queso.

ENSALADA DE ESPINACAS CRUDAS

8 a 10 personas

1 kilo de espinacas pesado antes de limpiarlas
2 tazas de champiñones frescos
6 calabacitas cortadas en rodajas de ½ centímetro
Salsa vinagreta *(ver salsas)*
10 tiras de tocino frito y desmenuzado

1. Se limpian muy bien las espinacas, quitándoles los rabos a las hojas y guardando sólo las hojas tiernas. Se desinfectan y se secan.
2. Se limpian los champiñones y se rebanan.
3. Se mezclan todos los ingredientes guardando el tocino hasta el final para espolvorear la ensalada.

ENSALADA DE JITOMATE Y HUEVO DURO

6 personas

4 jitomates rojos firmes pelados y rebanados en rodajas de 1 centímetro
4 huevos cocidos (ver salsa vinagreta)
Sal y pimienta al gusto

1. Se mezcla todo con mucho cuidado y se sirve.

Nota: También se le puede añadir cebolla en ruedas, desflemada en un poco de vinagre.

290 LAURA B. DE CARAZA CAMPOS

ENSALADA DE NAVIDAD

8 personas

200 gramos de uvas sin semilla, peladas
3 manzanas peladas y picadas en cuadritos
12 ciruelas pasas deshuesadas y picadas
5 rebanadas de piña en conserva cortadas en cuadritos
1 taza de mayonesa
1 taza de crema espesa
Sal al gusto
100 gramos de nueces picadas, se apartan 10 o 12 para adornar

1. Se mezcla todo muy bien, se adorna con las nueces.

Nota: Con esta ensalada se acompaña el pavo.

ESPINACAS EN PURÉ

6 personas

1 ½ kilos de espinacas sin limpiar
75 gramos de mantequilla
Sal, pimienta y nuez moscada
1 pizca de azúcar
2 cucharadas de harina
¼ litro de crema

1. Se lavan muy bien las espinacas, quitándoles el rabito sin secarlas.
2. Se ponen en una sartén sobre el fuego con 25 gramos de mantequilla.
3. Se dejan secar a fuego vivo durante 5 minutos.
4. Se retiran del fuego, se añaden la sal, la pimienta, la nuez moscada, el azúcar.
5. Se espolvorean con la harina y se vuelve a poner todo sobre la lumbre 2 minutos más solamente.
6. Se añade la crema poco a poco, fuera de la lumbre.
7. Se ponen luego a hervir sin dejar de mover.
8. Se baja el fuego lo más posible, se tapan y se dejan hervir muy lentamente de 20 a 30 minutos.
9. Unos segundos antes de servirlas, se añaden los otros 50 gramos de mantequilla.

ESPINACAS EN SALSA MONRAY

6 personas

1 receta de espinacas en puré
1 taza de salsa Monray *(ver salsas)*

1. Se hacen las espinacas cocidas, en puré, se ponen en un refractario.
2. Se cubren con la salsa Monray y se meten unos minutos al horno caliente a gratinar.
3. Se sirven inmediatamente.

FRIJOLES COMPUESTOS

4 a 6 personas

4 tazas de frijoles cocidos
3 tazas de caldo donde se cocieron los frijoles
3 jitomates pelados, sin semilla y picados
6 chiles serranos picaditos
2 cucharadas de orégano
1 cebolla mediana picadita
½ taza de cilantro picadito
½ taza de aceite de oliva
¼ de taza de buen vinagre
Queso añejo al gusto
Sal al gusto

Para acompañar
Tostadas

1. Se ponen a calentar los frijoles con su caldo. (No deben quedar muy aguados).
2. Se añaden los demás ingredientes.
3. Se espolvorean con el queso añejo.
4. Se sirven acompañados de tortillas tostadas.

FRIJOLES CREMOSOS

4 personas

3 cucharadas de manteca de cerdo
1 cebolla grande rebanada
3 tazas de frijoles cocidos con todo y su caldo
Sal al gusto

1. En una cazuela se pone a requemar la manteca, cuando empiece a humear se le añade la cebolla.
2. Se fríe hasta que tome un color dorado oscuro y se retira con una cuchara perforada.
3. Se añaden los frijoles y sal y se mueve constantemente, machacando de vez en cuando con la parte de atrás de una cuchara grande de cocina.
4. Deben quedar especitos.

FRIJOLES REFRITOS

4 personas

2 tazas de frijoles cocidos
½ taza de caldo de frijoles
159 ramos de manteca de cerdo
1 cucharada de cebolla picada finamente
Sal al gusto

1. Se pone a calentar la manteca. Cuando esté humeante, se agrega la cebolla y se deja freír hasta que tome color dorado oscuro.
2. Se retira la cebolla con una cuchara perforada.
3. Se añaden los frijoles y el caldo y, ayudándose con el molote de madera, se machacan hasta convertirlos en puré. También se pueden licuar.
4. Cuando estén bien refritos y se vea el fondo de la cazuela, se retiran del fuego.
5. Se les da vuelta para que tomen la forma apropiada, como de un molote largo.
6. Se voltean sobre un platón.

Nota: Los puede adornar con totopitos (triangulitos de tortilla fritos) y espolvorearlos con queso añejo.

JITOMATES PROVENZALES

4 personas

3 jitomates grandes y duros
4 cucharadas de aceite de oliva
4 dientes de ajo picaditos
Sal y pimienta al gusto
6 cucharadas de perejil picadito

1. Se precalienta el horno a 170°C.
2. Se parten los jitomates a la mitad.
3. Se les quitan las semillas, se les pone 1 cucharada de aceite a cada uno, ajo picado, sal, pimienta y perejil.
4. Se meten al horno precalentado, más o menos 20 minutos o hasta que estén cocidos.

PAPAS AL HORNO RELLENAS

4 personas

4 papas grandes y bien redondas
150 gramos de mantequilla
4 cucharadas de crema espesa
Sal, pimienta y nuez moscada al gusto

1. Se precalienta el horno a 200°C.
2. Se pican las papas todo alrededor con un tenedor.
3. Se hornean hasta que estén suaves, aproximadamente 40 minutos
4. Se cortan por la parte de arriba y se vacían, cuidadosamete con una cuchara.
5. Se mezcla la pulpa con los demás ingredientes y se vuelven a rellenar las papas.
6. Se meten de nuevo al horno unos segundos para que calienten y se sirven.

PAPAS A LA LYONNAISE

6 personas

1 kilo de papas
250 gramos de cebolla
100 gramos de mantequilla
Sal al gusto

1. Se ponen a cocer las papas al horno con todo y piel hasta que estén suaves.
2. Se pelan y se cortan en rodajas delgadas.
3. Se rebana la cebolla del mismo espesor que las papas.
4. Se pone a freír la cebolla en la mantequilla hasta que tome un color dorado parejo.
5. Se retira y se pone en un plato.
6. En la misma grasa se doran las papas, se añaden las cebollas.
7. Se salpimientan.
8. Se fríe unos 2 o 3 minutos más y se sirven adornadas con perejil picado.

PURÉ DE PAPAS

4 a 6 personas

1 kilo de papas amarillas peladas
75 gramos de mantequilla
Sal, pimienta y nuez moscada
¾ a 1 taza de leche hirviendo

1. Se ponen a cocer las papas con agua fría a cubrir y sal. Se tapan y se dejan hervir justo los minutos necesarios para que estén cocidas y suaves (de 20 a 25 minutos más o menos).
2. Se escurren perfectamente.
3. Se vuelven a poner en la cacerola que se cocieron, se pone sobre la lumbre, agitándola, para que se salga todo el líquido que pudo haberles quedado a las papas.
4. Se tapan.
5. Se saca una por una y se pasan rápidamente por el chino o prensa papas.
6. Se pone la papa prensada en la cacerola a baño María y se añade la mantequilla en 3 etapas, haciendo esta operación rápida y vigorosa en exceso para que no se enfríe el puré.
7. Se hace esto batiendo y levantando para que quede ligero.
8. Se añade la sal, la pimienta, la nuez moscada y 8 cucharadas de leche en dos etapas (o sea 4 cada vez), se baten vigorosamente después de cada adición.
9. Con esto se completan los ¾ de taza de leche. Si es necesario, se agrega un poquito más.
10. Se deja en baño María hasta el momento de servirlo.

PEPINOS RELLENOS DE ATÚN

4 personas

16 rodajas de pepino, peladas y de 2 ½ centímetros de espesor
2 limones, su jugo
1 cucharada de vinagre
Cebolla en rodajas finas al gusto
200 gramos de atún en aceite
125 gramos de mantequilla
¾ de taza de mayonesa para cubrir

1. Se les quita a las rodajas de pepino las semilla y el centro para dejar un círculo con una pared de 1 centímetro más o menos.
2. Se ponen en agua hirviendo y se dejan hervir 10 minutos. Se escurren.
3. Se secan con un trapo.
4. Se ponen a marinar 30 minutos en el jugo de limón, el vinagre y unas rodajas de cebolla al gusto.
5. Se secan de la marinada y se rellenan con el atún, que se habrá molido junto con la mantequilla para obtener una pasta homogénea.
6. Se cubren con mayonesa (*ver salsa mayonesa*).

RATATOUILLE NICOISE

4 personas

2 cebollas
1 cabeza de ajo
5 cucharadas de aceite de oliva
2 pimientos, picados
2 calabacitas, picadas
2 berenjenas, cortaas en cuadritos y desflemadas en agua con sal
2 jitomates, pelados, despepitados y cortados en cuadros
Sal y pimienta
Hierbas de olor
1 rama de apio, cortada en trozos pequeños
8 aceitunas, rellenas de pimiento

1. Se ponen a acitronar 2 cebollas picadas y una cabeza de ajo con aceite de oliva.
2. Se añaden los pimientos, las calabacitas y las berenjenas .
3. Se añaden 2 jitomates sin semillas.
4. Se sazona con sal, pimienta, tomillo, laurel y perejil y el apio.
5. Se deja cocer tapado a fuego lento durante ¾ de hora.
6. Se añaden, aceitunas, se mezcla.
7. Se sirve.

SETAS A LA PROVENZAL

6 personas

750 gramos de setas frescas, limpias y rebanadas en escalopas
1 taza de aceite de oliva
Sal y pimienta al gusto
30 gramos de mantequilla
¼ de cebolla mediana
3 dientes de ajo finamente picados
2 ½ de limón
1 cucharada de perejil picadito

1. Se pone a calentar ¾ de taza de aceite hasta que esté humeante.
2. Se añaden las setas y se fríen a fuego vivo durante 2 minutos.
3. Se voltean con un tenedor y se fríen 2 minutos más del otro lado.
4. Se baja el fuego lo más posible y se dejan cocer otros 5 o 6 minutos.
5. Se vuelve a subir el fuego a lo más que dé y se dejan freír 2 o 3 minutos volteándolas para que queden tiesas.
6. Se escurre el exceso de aceite ayudándose con una tapadera.
7. Se sazonan entonces las setas con sal y pimienta moviendo para que se mezclen bien.
8. Se pone calentar el resto de aceite y la mantequilla.
9. Cuando esté humeante se añade la cebolla y el ajo picaditos.
10. Se sofríen rápidamente y se añaden a las setas.
11. Se exprime el ¼ de limón sobre las setas, se espolvorean con el perejil y se sirven bien calientes.

UCHEPOS MICHOACANOS (TAMALES DE ELOTE)

6 personas

5 elotes no muy tiernos
100 gramos de mantequilla
1 cucharadita de sal
1 cucharada de azúcar

1. Se desgranan los elotes y se muelen los granos.
2. La mantequilla se bate con la sal y el azúcar; se le añade a lo anterior y se sigue batiendo unos minutos.
3. Se hacen los tamalitos envolviéndolos en las mismas hojas de elote.
4. Se ponen a cocer en la tamalera o en la olla exprés (en la olla exprés tardan 10 minutos).
5. Quedan muy tiernos.
6. Salen más o menos 12 tamales.

CAPITULO 9

PASTAS

ÍNDICE

PASTA AZUCARADA

6 personas

250 gramos de harina (1 ¾ tazas)
125 gramos de mantequilla
1 huevo entero
125 gramos de azúcar (½ taza)
1 pizca de sal
½ de vainilla

1. Se mezcla bien la harina con la mantequilla.
2. Se hace un círculo con lo anterior en una mesa bien lisa y se pone en el centro el huevo, el azúcar, la sal y la vainilla.
3. Se amasa todo muy bien rápidamente con la punta de los dedos y se hace una bola, se envuelve en papel encerado o de aluminio.
4. Se refrigera la pasta1 hora.
5. Se extiende con el rodillo y se pone en un molde engrasado para pay.
6. Se pica con un tenedor y se le pone encima, un papel encerado con frijoles o garbanzos crudos.
7. Se mete al horno a 180°C más o menos 20 minutos.
8. 5 minutos antes de que esté lista, se retira el papel y los frijoles.

Nota: También se puede hacer esta pasta en el procesador de alimentos. Sirve para hacer tartas de frutas. Se le pone crema inglesa, frutas secas o de lata jalea.

PASTA PARA BISQUETS

10 a 15 piezas

2 tazas de harina
1 cucharadita de sal
5 cucharaditas de polvo hornear
3 cucharadas copeteadas de mantequilla (70gramos)
3 cucharadas copeteadas de manteca vegetal (70 gramos)
¾ de leche más o menos

1. Se precalienta el horno a 225°C.
2. Se cierne la harina con la sal y el polvo de hornear.
3. Se le añaden las grasas y se mezcla muy rápidamente con la punta de los dedos a que quede como chicharitos. O en el procesador de alimentos.
4. Se le añade la leche poco a poco hasta formar una pasta con la que se pueda hacer una bola.
5. Se extiende en una mesa enharinada con el palote a que dé 2:5 centímetros de espesor.
6. Se cortan los bísquets con el cortador especial para ello y del tamaño deseado.
7. Se barnizan con leche y se meten al horno en una charola engrasada con mantequilla durante 15 minutos.
8. Se sirven calientes acompañados de mantequilla y mermelada.

Nota: También se puede hacer la pasta en el procesador de alimentos.

PASTA PARA BRIOCHE

250 gramos de harina (1 ½ tazas)
½ sobrecito de levadura seca activa (4 gramos)
1 cucharada de azúcar
cucharadita de sal
3 huevos
Un poco de leche (⅛ de taza más o menos)
125 gramos de mantequilla

1. Se pone la harina en una mesa bien lisa, se hace un círculo y se pone la levadura en medio disuelta en 2 cucharadas de agua tibia.
2. Se deja que la harina se absorba en este líquido hasta obtener una pasta aguada.
3. Se pone en el centro el azúcar, la sal y los huevos.
4. Se amasa bien esta mezcla y se le añade leche poquito a poquito hasta obtener una pasta aguada pero no demasiado.
5. Se bate la mantequilla aparte, se le añade ⅓ de la pasta.
6. Se mezcla bien pero ya sin amasar.
7. Cuando la mezcla esté homogénea se añade el resto de la pasta en dos veces.
8. Se pone la pasta a subir en una cazuela engrasada con mantequilla y tapada con un trapo en un lugar tibio. Tarda aproximadamente 3 horas.
9. Se precalienta el horno a 200 °C.
10. Se engrasa un molde apropiado; se ponen en él ¾ de la pasta y;
11. Con el resto se hace una bola y se coloca en el centro de la pasta haciendo un hoyo.
12. Se hacen 4 incisiones con una tijera filuda alrededor del cuerpo de la brioche.
13. Se mete al horno precalentado durante 25 o 30 minutos.

Nota: Se puede rellenar de huevos a la francesa o de camarones en cualquier tipo de salsa caliente. Se puede hacer también en la batidora o en el procesador de alimentos.También se puede hacer en forma de rosca.

PASTA PARA BUÑUELOS A LA MEXICANA

12 a 15 piezas

3 a 4 tazas de harina
1 ½ cucharadita de polvo de hornear
1 cucharada de azúcar
½ cucharadita de sal
4 cucharadas de mantequilla o de manteca de cerdo derretida
2 huevos
½ taza de leche
Manteca de cerdo o aceite para freír

1. Se ciernen 3 tazas de harina con los ingredientes secos.
2. Se mezcla la mantequilla derretida con los huevos y la leche.
3. Se añade a la harina.
4. Se bate hasta que la pasta esté suave.
5. Se añade un poquito más de harina moviendo vigorosamente hasta que la pasta quede bastante tiesa.
6. Se pone sobre una mesa enharinada. Se amasa ligeramente.
7. Se divide en bolitas como del tamaño de una nuez de Castilla.
8. Se barniza con mantequilla o manteca derretida para que no se peguen.
9. Se cubren y se dejan reposar 20 minutos.
10. Se extiende con el rodillo hasta que queden muy delgaditas.
11. Se dejan reposar otros 10 minutos.
12. Se fríen en la manteca o el aceite, calientes hasta que estén doraditos.
13. Se escurren los buñuelos en papel absorbente.
14. Se espolvorean con una mezcla de azúcar y/o canela.
15. Se bañan con una miel hecha con piloncillo.

PASTA PARA BUÑUELOS DE VIENTO

24 a 30 piezas

1 sobrecito de levadura seca activa (8 gramos o ¾ de cucharadita)
250 gramos de harina (1 ¾ tazas)
2 huevos
¼ taza de coñac, brandy o ron
1 taza de agua tibia
Barrita de mantequilla derretida 90 gramos
Cucharadita de sal
Aceite de maíz para freír

1. Se disuelve la levadura en un poco de agua tibia.
2. Se le añade a la harina.
3. Se agregan las yemas, el licor y el agua tibia necesaria para hacer una pasta dura y bien trabajada con la espátula.
4. Se añade el resto del agua y la mantequilla derretida.
5. Se baten las claras a punto de turrón y se añaden a lo anterior.
6. Se añade cualquier tipo de fruta fresca rebanada.
7. Se toman montoncitos con una cuchara y se fríen en bastante aceite hirviendo.
8. Se retiran del aceite cuando estén doraditos y se escurren sobre papel absorbente.
9. Se revuelcan en azúcar mezclada con canela o con clavo.

Nota: Si se quieren salados, se pueden hacer de calabacitas, de rebanadas de cebolla, de ostiones, de camarones etcétera.

Para los buñuelos salados se le agrega ½ cucharadita más de sal.

PASTA PARA CREPAS

24 piezas

50 gramos de mantequilla derretida
6 huevos
¾ de taza de harina cernida
½ taza de leche
¼ taza de cerveza
20 gramos de mantequilla para el sartén
Sal al gusto
1 sartén de 15 centímetros de diámetro

1. Se mezclan todos los ingredientes, se licuan y se cuelan.
2. Se deja reposar la pasta 1 hora (o por lo menos 30 minutos).
3. En un sartén pequeño se hacen las crepas poniendo un poco de pasta con una cuchara y moviendo rápidamente la sartén en forma de circular para que se cubra bien el fondo del sartén.
4. Se voltean. Se dejan 2 segundos más y se retiran.
5. Deben quedar delgaditas. La sartén se engrasa de ve en cuando con mantequilla.

PASTA PARA CREPAS VERDES

24 piezas

1 sartén de 15 centímetros de diámetro
1 taza de harina
1 ¼ tazas de leche
¾ taza de espinacas cocidas con el agua que se les quedó pegada al lavarlas y sal ,molidas en la licuadora hasta formar un puré espeso
1 ½ cucharadita de sal
30 gramos de mantequilla para el sartén

1. Se mezclan bien todos los ingredientes moliéndolos en la licuadora para que no queden grumos.
2. Se engrasa la sartén con una poquita de mantequilla, se calienta y se van haciendo las crepas una por una; tienen que quedar delgaditas.
3. Se debe engrasar la sartén cada 5 o 6 crepas.
4. Las crepas se hacen poniendo una cucharada de pasta en la sartén, moviéndola rápidamente en forma circular para que quede bien cubierto el fondo.
5. Una vez que está cocida la crepa de un lado, se voltea con mucho cuidado y se deja unos segundos más.

PASTA PARA CHOUX

15 a 20 piezas pequeñas

½ taza de agua fría
50 gramos de mantequilla (½ barrita)
1 pizca de sal
100 gramos de harina (¾ de taza)
3 o 4 huevos según el tamaño

1. Se precalienta el horno a 200°C.
2. Se pone en una cacerola el agua, la mantequilla y la sal.
3. Se coloca la cacerola sobre el fuego y se deja que suelte el hervor.
4. Se le añade la harina de un solo golpe.
5. Se mueve enérgicamente con una espátula de madera hasta que la pasta se desprenda fácilmente de la cacerola y de la espátula.
6. Se retira la cacerola del fuego y se deja entibiar un poco la pasta
7. Se añaden los huevos uno por uno teniendo mezclando rápidamente, cuidado que no quede demasiado aguada la pasta porque, si esto sucede, los choux no subirán.
8. Se engrasa una charola de horno. Se van haciendo los choux con una duya o con una cuchara.
9. Se meten al horno precalentado durante 30 minutos. Si los choux son pequeños se meten al horno entreabierto.

Nota: Los choux se pueden rellenar de crema inglesa perfumada a la vainilla, café o chocolate, o de salsa blanca espesa con queso gruyere o roquefort.

PASTA PARA DONAS

18 a 24 piezas

4 huevos batidos
⅔ tazas de azúcar
⅓ taza de leche
⅓ taza de mantequilla derretida
3 ½ tazas de harina cernida
3 cucharaditas de polvo para hornear
¾ de cucharadita de sal
1 cucharadita de canela
½ cucharadita de nuez moscada
Aceite para freír

1. Se baten los huevos y el azúcar.
2. Se añade la leche y la mantequilla.
3. Se ciernen juntos los ingredientes secos excepto la canela y la nuez moscada, y se añaden a lo anterior.
4. Se refrigera hasta que esté bien fría.
5. Se pone la pasta sobre una mesa enharinada. Se extiende con el rodillo a dejarla de 1 centímetro de espesor.
6. Se corta con el cortador especial, enharinado.
7. Se dejan reposar las donas 15 minutos.
8. Se fríen en aceite caliente.
9. Se escurren en papel absorbente.
10. Se ponen en una bolsa de plástico ½ taza de azúcar, la canela y la nuez moscada.
11. Se meten las donas una por una en la bolsa y se agitan con cuidado.

PASTA PARA GENOVESA

60 gramos de mantequilla
4 huevos
½ taza de azúcar
1 taza de harina

1. Se pone a derretir la mantequilla.
2. Se baten muy bien los huevos con el azúcar hasta que tripliquen su volumen.
3. Se le añade el perfume que se desee (vainilla, raspadura de limón o de naranja, etcétera).
4. Se incorpora con cuidado la harina cernida.
5. También la mantequilla de cucharada en cucharada, haciéndolo muy cuidadosamente.
6. Se engrasa y enharina un molde redondo o cuadrado.
7. Se mete al horno precalentado a 190°C durante 30 minutos.

Nota: Para que salga mejor el paste es preferible hacerlo sobre un traste con agua caliente para que se entibien los ingredientes mientras se están batiendo.

PASTA DE HOJALDRE

250 gramos de harina
½ cucharadita de sal
½ taza de agua
200 gramos de mantequilla (2 barritas)

1. Se mezcla la harina con la sal y el agua sin amasarla mucho.
2. Se extiende con el rodillo y se le pone la mantequilla en el centro.
3. Se revuelve con la pasta.
4. Se deja reposar en el refrigerador 15 minutos.
5. Se extiende la pasta con todo y la mantequilla y se hace una banda larga como de 50 centímetros.
6. Se dobla la banda en 3 partes poniendo las orillas en el centro.
7. Se voltea y se extiende en el sentido inverso.
8. Se vuelve a doblar y se mete al refrigerador otros 5 minutos.
9. Se repite está operación 2 veces más.
10. La pasta tiene que llevar 6 vueltas de hojaldre (cada vez que se extienda y se doble es una vuelta).

PASTA PARA HOT CAKES

10 a 15 piezas grandes

1 ½ tazas de harina cernida
3 cucharaditas de polvo para hornear
½ cucharadita de sal
1 ¼ tazas de leche
1 huevo batido
1 cucharada de azúcar
2 cucharadas de mantequilla

1. Se ciernen juntos la harina, el polvo de hornear y la sal.
2. Se mezcla la leche con el huevo, el azúcar y la mantequilla derretida.
3. Se agrega a lo anterior sin batir, solo revolviendo.
4. La pasta tiene que quedar grumosa.
5. Se hacen los hot cakes en una sartén caliente.

PASTA PARA LAS LENGUAS DE GATO

20 a 30 piezas

2 claras de huevo
100 gramos de azúcar (⅓ taza)
60 gramos de harina
cucharadita de extracto de vainilla
40 gramos de mantequilla

1. Se baten las claras a punto de turrón.
2. Se añade el azúcar poco a poco.
3. Se incorpora cuidadosamente la harina, la vainilla y después la mantequilla derretida y tibia.
4. Se engrasa una charola de horno con mantequilla.
5. Se pone la pasta en una duya con una abertura de 5 milímetros de diámetro y se hacen unos bastoncitos de 5 centímetros de largo.
6. Se mete a horno precalentado a 180°C durante 10 minutos.
7. Se despegan a la salida del horno.

Nota: Las tejas se hacen igual, sólo que se le añaden a la pasta 50 gramos de almendras molidas, y en lugar de hacer bastoncitos se ponen montoncitos de pasta bastante separados unos de los otros porque se expanden en el horno, y al sacarlas del horno se enrollan en el rodillo darles forma de tejas.

PASTA PARA MUFFINS

10 a 15 piezas

2 tazas de harina cernida
¼ de taza de azúcar
½ cucharadita de sal
3 cucharadas de polvo de hornear
1 taza de leche
1 huevo
⅓ taza de mantequilla derretida

1. Se precalienta el horno a 210°C.
2. Se cierne la harina con el azúcar, la sal y el polvo de hornear.
3. Se mezcla la leche con el huevo y la mantequilla.
4. Se le añade a lo anterior de un solo golpe.
5. Se mezcla todo muy bien con un tenedor pero sin batir; la pasta debe quedar con grumos.
6. Se vierte rápidamente la pasta en moldecitos para muffins engrasados con mantequilla.
7. Se llenan un poquito más de la mitad.
8. Se hornean de 20 a 25 minutos o hasta que estén cocidos. (Se hace la prueba insertando un palillo con la mitad de un muffin, si sale seco es que ya están).
9. Se desmoldan y se sirven calientes.

PAN BLANCO TIPO DE CAJA

1 paquete de levadura seca activa
¼ taza de agua tibia
2 tazas de leche tibia
1 cucharada de mantequilla
2 cucharaditas de sal
2 cucharadas de azúcar
5 a 6 ½ tazas de harina
Se disuelve la levadura en el agua.

1. Se mezcla la leche con la mantequilla, la sal y el azúcar.
2. Se le añaden tazas de harina. Se bate muy bien.
3. Se agrega la levadura, se mezcla.
4. Se añade el resto de la harina. (Lo suficiente para hacer una pasta moderadamente tiesa).
5. Se pone la masa sobre una mesa enharinada y se amasa durante 8 o 10 minutos hasta lograr una pasta suave y satinada.
6. Se hace una bola y se pone en una cazuela engrasada.
7. Se cubre con un trapo.
8. Se pone en un lugar tibio y se deja subir al doble (más o menos 1 ½ horas).
9. Se divide la pasta en dos porciones y se pone en los moldes alargados para pan (8 ½ x 4 ½ x 2 ½ pulgadas).
10. Se cubren y se dejan subir al doble (más o menos 1 hora).
11. Se meten al horno precalentado a 200°C más o menos 35 minutos o hasta que estén.

Nota: Se sabe que ya están cocidas cuando al pegarles ligeramente en la base se escucha un sonido hueco.

PASTA PARA HOGAZA DE PAN DE SAL FRANCÉS

2 paquetes de levadura seca activa 3 cucharaditas o 16 gramos
½ taza de agua tibia
2 tazas de agua tibia
1 cucharada de sal
7 a 7 ½ tazas de harina
1 cucharada de agua fría
1 clara de huevo

1. La levadura se disuelve en el agua tibia (½ taza).
2. Se mezclan las 2 tazas de agua tibia con sal.
3. Se le agregan a lo anterior 2 tazas de harina y se revuelve bien.
4. Se añade la levadura disuelta y de 4 a 4 ½ tazas más de harina o la suficiente para lograr una pasta suave.
5. Se cubre con un trapo y se deja reposar 10 minutos.
6. Se amasa hasta que esté suave y elástica. Más o menos de 5 a 8 minutos, agregándole poco a poco la taza de harina restante.
7. Se pone en una cazuela engrasada con mantequilla y se tapa con un trapo.
8. Se deja en un lugar tibio a que doble su tamaño (más o menos 1 ½ horas).
9. Se presiona hacia abajo.
10. Se voltea sobre una mesa enharinada. Se divide en dos porciones, se cubre y se deja reposar 10 minutos.
11. Se hacen dos hogazas de 50 centímetros de largo cada una y se ponen en una charola de horno engrasada y espolvoreada con harina de maíz amarillo (cornmeal).
12. Se cubren y se dejan reposar a que doblen su tamaño (1 ½ horas).
13. Se les hacen tres cortes perpendiculares.
14. Se barnizan con la clara medio batida adicionada con la cucharada de agua.
15. Se meten al horno a 190°C durante 20 minutos.
16. Se sacan del horno, se vuelven a barnizar y a meter al horno 20 minutos hasta que estén bien doraditas.

PAN DE JENGIBRE

½ taza de maneca vegetal o mantequilla
1 taza de azúcar blanca o morena
2 huevos
1 cucharadita de raspadura de limón (optativo)
2 tazas de harina
1 cucharadita de nuez moscada
2 cucharaditas de bicarbonato de sodio
½ cucharadita de sal
1 ½ cucharadita de jengibre
½ taza de agua hirviendo
½ taza de melaza

1. Se precalienta el horno a 170°C.
2. Se acrema la mantequilla con el azúcar.
3. Se le añaden los huevos uno por uno sin dejar de batir.
4. Se le agrega la raspadura de limón.
5. Se cierne la harina y se miden las dos tazas.
6. Se vuelve a cernir con los demás ingredientes secos.
7. En un traste separado se combina el agua hirviendo y la melaza, alternándolos.
8. Se bate hasta que todo quede bien mezclado.
9. Se engrasa un molde rectangular de 11x 8 pulgadas.
10. Se vierte ahí la pasta y se mete al horno precalentado durante más o menos 40 minutos.

PAN NEGRO

1 ½ tazas de leche
½ taza de azúcar morena bien compactada
½ taza de mantequilla
2 cucharaditas de sal
2 paquetes de levadura seca activa 16 gramos o 3 cucharaditas
½ taza de agua tibia
3 tazas de harina de centeno
3 tazas de harina de trigo blanca
1 cucharada de semilla de hinojo
Mantequilla derretida para barnizar

1. Se pone la leche con el azúcar, la mantequilla y la sal sobre la lumbre hasta que se derrita la mantequilla. Se deja entibiar.
2. Se disuelve la levadura en el agua tibia. Se le agrega la leche. Se le añaden 3 tazas de harina de centeno. 2 ½ tazas de harina blanca y las semillas de hinojo.
3. Se espolvorea la masa con la otra ½ taza de harina.
4. Se amasa la pasta hasta que ya no esté pegajosa (más o menos 10 minutos) añadiendo más harina si fuera necesario.
5. Se hace una bola y se pone en una cazuela engrasada hasta que doble de tamaño (más o menos 1 hora).
6. La cazuela tiene que cubrirse con un trapo.
7. Se divide la pasta en dos, se forman sus hogazas y se ponen en una charola engrasada. Se cubren y se dejan subir a que doblen su tamaño (más o menos 1 hora).
8. Se precalienta el horno a 190°C.
9. Se barnizan con mantequilla derretida.
10. Se meten al horno precalentado durante 30 minutos o hasta que se escuche un sonido hueco cuando se le pegue.

PASTA PARA PAN DE OLORES

200 gramos de mantequilla (1 barra grande)
2 tazas de melaza
3 tazas de harina
1 cucharada de jengibre
1 cucharada de carbonato
1 taza de yogur
1 cucharada de canela en polvo
1 cucharada de nuez moscada
2 huevos
1 cucharadita de polvo de hornear
1 taza de crema chantilly (crema dulce batida con azúcar glass hasta que
    espese)

1. Se precalienta el horno a 200°C.
2. Se pone a derretir la mantequilla con la melaza.
3. Se retira del fuego y se le añade el resto de los ingredientes.
4. Se engrasa un molde de rosca. Se vierte en él la pasta.
5. Se mete al horno precalentado a 200°C más o menos 45 minutos o
   hasta que esté.
6. Se desmolda. Se sirve tibio o frío.
7. Se espolvorea con azúcar glass.
8. En el centro de la rosca se pone la crema chantilly.

PASTA PARA PAMBAZOS FRITOS

36 piezas más o menos

½ kilo de harina
½ cucharadita de cremor tártaro
3 cucharaditas de polvo de hornear
1 cucharadita de sal
100 gramos de mantequilla o grasa vegetal
4 huevos
½ taza de leche más o menos

1. Se ciernen todos los ingredientes secos.
2. Se les añade la mantequilla y se mezcla bien con la punta de los dedos haciéndolo rápidamentea a que queden como chicharitos.
3. Se hace una fuente con lo anterior y en el centro ponga los huevos y la leche.
4. Se amasa todo rápidamente hasta formar una bolsa lisa y suave.
5. Se extiende con el rodillo sobre una mesa enharinada.
6. Se cortan los pambacitos con un cortador ovalado.
7. Se les hace una cruz en el centro con un cuchillo filoso o con unas tijeras pero sin traspasar la pasta.
8. Se fríen en bastante aceite o manteca hirviendo hasta que estén doraditos.
9. Se escurren en un papel absorbente.
10. Se rellenan con papas cocidas fritas con chorizo, shiles chipotles y aguacate o de lo que usted desee.

PASTA DE POLVORONES

20 a 30 piezas

400 gramos de harina
200 gramos de azúcar
¼ de taza de ron
250 gramos de manteca de cerdo
Azúcar glass

1. Se precalienta el horno a 180°C.
2. Se hace una fuente con la harina cernida y en el centro se ponen el azúcar, el ron y la manteca.
3. Se mezcla todo muy bien a que quede una pasta lisa.
4. Se extiende con el rodillo a que quede de 1 centímetro de espesor.
5. Se corta con un cortador redondo.
6. Se van colocando en una charola de horno.
7. Se meten al horno precalentado durante 12 o 15 minutos.
8. Se sacan y se revuelcan con azúcar glass.

PASTA DE PAY DE GALLETAS GRAHAM

20 galletas graham o marías molidas (1 ½ tazas)
½ taza de mantequilla derretida
1 cucharadita de mantequilla

1. Se precalienta el horno a 200°C.
2. Se mezcla todo muy bien.
3. Se forra con esto un molde para pay presionando con fuerza para que quede bien pegado.
4. Se mete al horno precalentado durante 10 minutos.
5. Se puede hacer con un día de anticipación.

PASTA DE PAY HECHA DE MERENGUE

2 claras de huevo
¼ de cucharadita de sal
¼ de cucharadita de cremor tártaro
½ taza de azúcar

1. Se baten los huevos hasta que hagan espuma.
2. Se añade la sal y el crémor tártaro y se sigue batiendo hasta que queden duras las claras.
3. Se agrega el azúcar poco a poco y se continua batiendo hasta que llegue a punto de turrón.
4. Se engrasa un molde para pay con mantequilla.
5. Se pone en él el merengue, embarrando bien de los lados y dejando un hueco en el centro para poder rellenar.
6. Se mete al horno a 115°C durante 1 hora o hasta que esté cocido

Nota: Se deja enfriar y se rellena con fresas frescas endulzadas y crema chantilly o con lo que se desee.

PASTA QUEBRADA

250 gramos de harina (1 ¾ tazas)
½ cucharada de sal
125 gramos de mantequilla
¼ taza de agua fría

1. Se precalienta el horno a 180°C.
2. Se cierne la harina con la sal. Se le añade la mantequilla y se revuelve rápidamente con las puntas de los dedos tratando de tomar la pasta lo menos posible. Se hace un círculo con lo anterior en la mesa.
3. Se pone el agua en el centro del círculo y se mezcla poco a poco con la harina hasta que se forme una bola bien lisa. (Todo esto también se puede hacer en el procesador de alimentos)
4. Se deja reposar la pasta 30 minutos en el refrigerador.
5. Se engrasa un molde para pay, se extiende la masa y se forra con ella el molde.
6. Se pica con un tenedor y hornea 20 minutos en el horno precalentado cuidando de poner en el centro un papel encerado con frijoles o garbanzos crudos para que no se infle la pasta. A los 15 minutos de cocción retire el papel y los frijoles y vuelva a meter la pasta al horno para que tome un bonito color dorado.

Nota: Esta pasta sirve para toda clase de pays y quiches.

PASTA QUEBRADA, OTRA

1 ½ tazas de harina cernida
⅔ taza de mantequilla o grasa vegetal (o mitad y mitad)
1 clara de huevo
¼ cucharadita de sal
1 yema de huevo ligeramente batida

1. Se pone la harina en un recipiente.
2. Se le añade la mantequilla mezclándola bien con la punta de los dedos hasta que quede del tamaño de chícharos pequeños.
3. Se le agrega la clara y la sal y se forma una bola: si es necesario se le pone un poquito de agua fría.
4. Se refrigera 15 minutos.
5. Se extiende la pasta con el rodillo y se forra con ella un molde para pay de 23 centímetros de diámetro engrasado con mantequilla.
6. Se refrigera otros 30 minutos.
7. Se pone un pedazo de papel de aluminio, la cara brillosa hacia abajo, sobre la pasta y se cubre con frijoles o garbanzos secos distribuyéndolos bien.
8. Esto impedirá que la pasta se infle en el momento de cocerse.
9. Se mete el pay al horno precalentado a 210°C durante 25 o 20 minutos.
10. Se saca del horno. Se quita el papel aluminio y los frijoles.
11. Se barniza bien la pasta con la yema de huevo y se vuelve a meter al horno durante 2 minutos más para que se fije la yema.
12. Esto sellará la pasta e impedirá que ésta se aguade con el relleno.
13. Se enfría ligeramente la pasta y se rellena.

PASTA PARA SOLETAS

15 a 20 piezas

150 gramos de azúcar (¾ taza)
6 huevos separados
1 cucharadita de vainilla
150 gramos de harina (1 ¼ tazas)
Azúcar glass para espolvorear

1. Se precalienta el horno a 180°C.
2. Se bate en un traste el azúcar con las yemas y la vainilla hasta que estén bien espesos.
3. Se añade cuidadosamente la harina cernida alternando con las claras batidas a punto de turrón.
4. Se arregla una charola de horno con papel encerado.
5. Se pone la pasta en una duya y se forman unos bastoncitos de 10 centímetros de largo.
6. Se espolvorean con azúcar glass.
7. Se meten al horno precalentado durante 15 minutos.
8. Se sacan y se desprenden con un cuchillo flexible, mientras estén caliente.

Nota: Se pueden guardar en una caja herméticamente cerrada durante largo tiempo.

PASTA PARA TAMALES MORENO

50 a 60 tamales

2 kilos de masa de buena masa para tortillas
½ litros de caldo donde se coció la carne
¾ de manteca de cerdo
1 cucharada de polvo de hornear
Sal al gusto
125 gramos de chile ancho
½ kilo de lomo de puerco cocido con cebolla y hierbas de olor

1. La masa y el caldo se juntan y se baten bien con las manos o con la batidor (si es con la mano, debe batirse como 20 minutos).
2. La manteca se bate con la batido hasta que quede bien esponjosa.
3. Se le añade a la masa y se sigue batiendo hasta que al poner un sope de pasta en una taza de agua, éste flote.
4. Se le añade el polvo de hornear y la sal.
5. Con una cuchara se embarran las hojas para tamal remojadas en agua. Se rellenan al gusto, se doblan y se ponen a cocer en la tamalera sobre un colchón de hojas de tamal.
6. Tardan más o menos 45 minutos en estar cocidos.
7. **Nota:** Si se quieren dulces se le añade azúcar al gusto y sólo una pizca de sal.

Relleno

1. Los chiles anchos se desvenan, se les quitan las semillas y se ponen a ablandar en agua hirviendo.
2. Se muelen en la licuadora con 2 o 3 dientes de ajo y el agua donde se remojaron.
3. Se cuela esta salsa y se fríe en un poco de manteca.
4. Se le añade la carne de cerdo muy bien cocida y deshebrada.
5. Se sazona y se deja hervir unos minutos.
6. Debe quedar espesita.

PASTA PARA WAFFLES

8 piezas

1 ¾ tazas de harina cernida
½ cucharadita de sal
2 cucharaditas de polvo de hornear
2 yemas batidas
1 ¾ tazas de leche
½ taza de mantequilla derretida
2 claras batidas a punto de turrón

1. Se cierne la harina con la sal y el polvo de hornear.
2. Se mezclan las yemas con la leche y la mantequilla.
3. Se le añade a lo anterior. Se incorporan las claras batidas.
4. Se hacen los waffles en su wafflera.

CAPITULO 10

POSTRES Y PASTELES

CAPÍTULO 15

ÍNDICE

CREMA INGLESA O PASTELERA PARA RELLENAR LOS CHOUX

½ litro de leche
150 gramos de azúcar (¾ taza)
1 cucharadita de vainilla o de preferencia 1 ejote de vainilla
5 yemas
50 gramos de harina (⅓ taza)
50 gramos de mantequilla derretida

1. Se pone a hervir la leche con 75 gramos de azúcar y la vainilla en ejote.
2. Se baten las yemas con el azúcar a que queden claras y espesas, se les añade la harina sin dejar de batir.
3. Se retira la leche de la lumbre y se le va añadiendo la mezcla anterior poco a poco y batiendo enérgicamente con el batidor de alambre para que no se cuezan las yemas.
4. Se vuelve a poner todo sobre la lumbre sin dejar de mover hasta que se ve el fondo del cazo.
5. Se saca de la lumbre y se le añade la mantequilla.

Nota: Se puede hacer del sabor que se desee, por ejemplo: chocolate, café etcétera.

CREMA INGLESA O PASTELERA LIGERA

Se hace igual que la crema inglesa para rellenar los choux, sólo que en lugar de ⅓ de taza de harina sólo se le pone 1 cucharada de harina y 1 cucharada de harina de maíz y debe quedar de consistencia cremosa.

Nota: Véase otra receta de crema ingles en la leche planchada.

CHONGOS ZAMORANOS

6 personas

3 litros de leche
¾ de azúcar
2 gotas de cuajo (se compra en las farmacias)
Rajitas de canela
Unas gotas de colorante amarillo

1. Se junta la leche con el azúcar y se pone a entibiar.
2. Se le añade el cuajo y el colorante.
3. Se tapa con una servilleta y se deja cuajar.
4. Una vez cuajada se corta en rombos y en el centro de cada uno se pone una rajita de canela.
5. Se pone todo sobre la lumbre suave y se deja hervir hasta que los chongos estén cuajados.

ESPUMA DE CHOCOLATE

18 personas

250 gramos de mantequilla
1 taza de azúcar
12 yemas
2 paquetes de chocolate semiamargo (10 tabletas) 320 gramos
1 cucharadita de extracto de vainilla
12 claras batidas a punto de turrón
Cerezas en almíbar para adornar

1. Se acrema la mantequilla.
2. Se le añade el azúcar y las yemas una por una. Se bate todo muy bien.
3. Se derrite el chocolate a baño María y se le añade la vainilla.
4. Se agrega a lo demás.
5. Se incorporan cuidadosamente las claras.
6. Se refrigera por lo menos 30 minutos.
7. Se decora con las cerezas
8. Se sirve fría.

ESPUMA DE LIMÓN

8 personas

4 yemas de huevo
½ taza de azúcar
½ taza de jugo de limón
La raspadura de 1 limón
1 pizca de sal
1 sobrecito de grenetina sin sabor
¼ de taza de agua fría
4 claras de huevo batidas a punto de turrón con ½ taza de azúcar tiene
   que tener la consistencia de merengue

1. Se ponen las yemas con el azúcar, el jugo, la raspadura de limón y la sal en un traste de baño maría y se deja cocer moviendo constantemente hasta que espese.Tiene que tomar una consistencia cremosa.
2. Se disuelve la grenetina en el agua fría y se le añade a la crema caliente. Se revuelve bien.
3. Se añade el merengue a lo anterior, que debe estar todavía caliente.
4. Se vierte en el molde en el que se va a servir y se mete al refrigerador 3 horas.

Nota: Se puede servir acompañado de una crema inglesa ligera.

ESPUMA DE MANGO

8 personas

2 sobrecitos de grenetina
½ taza de agua fría
1 lata de mangos
2 cucharadas de coñac o brandy
¼ de litro de crema para batir, batida

1. Se disuelve la genetina en ½ taza de agua fría.
2. Se muele en la licuadora la lata de mango sin el jugo y se pone sobre la lumbre a que suelte el hervor.
3. Se le añade la grenetina se mezcla muy bien.
4. Se le añade el coñac.
5. Se le incorpora la crema bien batida y espesa.
6. Se pone en un molde y se mete al refrigerador a cuajar.
7. Se desmolda la espuma y se baña con la salsa.

Salsa
1. Se apartan unas rebanadas de mango y se cortan en cuadros grandes.
2. El resto se muele en la licuadora.

ESPUMA DE MOKA

6 personas

125 gramos de mantequilla
Azúcar al gusto
6 yemas
250 gramos de chocolate semi dulce derretido en baño María y tibio
3 cucharadas de extracto de café bien concentrado
6 claras

1. Se acrema la mantequilla. Se le añade azúcar al gusto (yo recomiendo 2 cucharadas).
2. Se le agregan las yemas una por una batiendo muy bien.
3. Se añade el chocolate y el extracto de café.
4. Se le incorpora a lo anterior las claras batidas a punto de turrón.
5. Se vierte en el recipiente en el que se va a servir y se refrigera 3 horas.

Nota: Se sirve solo o acompañado de una crema pastelera ligera.

GELATINA DE ALMENDRA Y ZARZAMORA

6 personas

Gelatina de zarzamora:
1 taza de jalea de zarzamora
1 taza d agua
1 ½ sobrecitos de grenetina sin sabor

Gelatina de almendra
50 gramos de almendras peladas
150 gramos de azúcar
2 tazas de leche
3 yemas de huevo
1 cucharadita de extracto de almendras
2 sobrecitos de grenetina sin sabor

Gelatina de zarzamora:
1. Se pone la jale con el agua a que den un hervor.
2. Se remoja la gelatina en ½ taza de agua fría y se le añade a lo anterior.
3. Se vierte esta mezcla en un molde de rosca y se pone a cuajar en el refrigerador.
4. Cuando este bien cuajada se le añade la mezcla de almendras y se refrigera 1 hora más.

Gelatina de almendra:
1. Se pone en la licuadora todos los ingredientes menos la grenetina y se licuan.
2. Se vierte esta mezcla en una cacerola y se pone al fuego sin dejar de mover.
3. Cuando suelte el hervor se retira y se le añade la grenetina, que se habrá puesto a remojar en ¼ de taza de agua fría.
4. Se mezcla todo muy bien.

HUEVOS REALES

10 yemas
1 cucharadita de polvo de hornear

Para la miel
2 tazas de agua
2 tazas de azúcar
1 rajita de canela
1 chorrito de ron al gusto

Para decorar
50 gramos de almendras peladas y afiladas
50 gramos de piñones bien limpios
15 pasitas

1. Se precalienta el horno a 180°C.
2. Las yemas se baten a punto de cordón hasta que estén claras y espesas.
3. Se les añade el polvo de hornear se siguen batiendo unos segundos.
4. Se engrasan unos moldecitos para panqué.
5. Se pone una cucharada de pasta en cada moldecito.
6. Se mete al horno precalentado, 10 minutos.
7. Se sacan del horno y se desmoldan.
8. Se pican con un tenedor.
9. Se decoran con las almendras y los piñones.
10. Se les pone una pasita en el centro.
11. Se bañan con la miel, que se habrá hecho poniendo a hervir todos los ingredientes hasta que se haga una miel ligera.

MANZANAS ALMENDRADAS

4 personas

1 taza de azúcar
1 ⅓ tazas de agua
4 manzanas para pay grandes
¼ cucharadita de canela en polvo
⅛ cucharadita de clavo en polvo
2 cucharaditas de mantequilla
¾ taza de almendras peladas y afiladas
Crema al gusto

1. Se precalienta el horno a 175°C.
2. Se pone a hervir durante 5 minutos el azúcar y el agua.
3. Se le quitan los centros a las cuatro manzanas.
4. Se pone en la miel y se cuecen lentamente hasta que estén suaves.
5. Se retiran del fuego y de la miel.
6. Se le añade a la miel la canela, el clavo y la manequilla. Se deja hervir hasta que espese.
7. Se colocan las manzanas en un refractario. Se bañan con la miel. Se adornan con las almendras.
8. Se meten al horno precalentado, hasta que se doren ligeramente las almendras.
9. Se sirven con crema dulce aparte.

MERENGUE ITALIANO

15 a 20 piezas

250 gramos de azúcar
4 claras de huevo
½ cucharadita de vainilla

1. Se pone todo en una cacerola esmaltada o de cobre.
2. Se coloca sobre el fuego y se bate con un batidor de alambre a fuego suave o con la batidora eléctrica manual.
3. Cuando al meter una cuchara al merengue y sacarla éste no se caiga, se retira la cacerola del fuego y se sigue batiendo fuera de él hasta que se enfríe el merengue completamente.
4. Se puede servir así adicionado con almendras peladas y tostadas o con piñones.
5. Si se desea hacer merengues, se engrasa y enharina una charola de horno y se forman los merengues con una duya.
6. Se meten al horno entreabierto a 80°C de 30 a 45 minutos.
7. Los merengues están listos cuando al sacarlos del horno se escuchan unos ligeritos troniditos y se desprenden solos de la charola.

Nota: Es recomendable hacerlo con una batidora eléctrica de mano, pues con el batidor es un trabajo bastante pesado.

MERENGUE SUIZO

10 a 15 personas

4 claras de huevo
250 gramos de azúcar
½ cucharadita de extracto de vainilla

1. Se baten las claras a punto de turrón.
2. Se les añade el azúcar poro a poco con la vainilla, sin dejar de batir.
3. Se engrasa una charola de horno y se enharina.
4. Se hacen los merengues con una duya o con una cuchara.
5. Se meten al horno entreabierto a 100°C durante 35 a 50 minutos.

MOKA DE ALMENDRA

20 personas

500 gramos de mantequilla
500 gramos de azúcar glass cernida
12 yemas
50 gramos de almendras peladas y molidas
8 docenas de soletas
1 listón del color que desee

1. Se acrema la manequilla. Se le agrega poco a poco el azúcar cernida.
2. Se sigue batiendo.
3. Se le añaden las yemas una por una sin dejar de batir y por último las almendras.
4. Debe quedar terso.
5. Se forra el molde de Carlota con soletas, se le pone entonces una capa de crema y otra de soletas, hasta terminar con soletas, apretando bien.
6. Se refrigera a que endurezca (es mejor hacerlo la víspera).
7. Se desmolda y se decora con la crema que haya sobrado, pasándola por una duya rizada chica y se ata con un listón haciéndole un moño al frente.

Nota: También se puede decorar con crema chantilly.

NARANJAS RELLENAS AL HORNO

8 personas

8 naranjas grandes y de bonito color
1 cucharada de coco
1 cucharada de pasitas
8 dátiles sin hueso y picaditos
1 cucharada de nueces picadas
1 clara de huevo
2 cucharadas de azúcar

1. Se precalienta el horno a 160°C.
2. Se lavan muy bien las naranjas.
3. Se les abre una tapa en la parte superior y se vacían ayudándose con un cuchillo filoso.
4. Por la parte de abajo se les hace un ligero corte para que se puedan parar bien las naranjas.
5. Se mezcla la pulpa de la naranja con el coco, las pasas, los dátiles y las nueces.
6. Se vuelven a rellenar las naranjas.
7. Se colocan en un refractario donde habrá puesto 1 centímetro de agua.
8. Se hornean en horno precalentado durante 45 minutos.
9. Se adornan con una cucharada de merengue que se hará batiendo la clara a punto de turrón y añadiéndole el azúcar.
10. Se vuelven a meter al horno para que se dore el merengue y se sirve calientes o frías.

Nota: En lugar del merengue, se les puede poner un malvavisco a cada naranja.

NEGRO EN CAMISA

8 personas

120 gramos de mantequilla
120 gramos de azúcar
4 yemas
120 gramos de chocolate amargo rallado
120 gramos de almendras peladas y molida
4 claras batidas a punto de turrón

1. Se precalienta el horno a 180°C.
2. Se acrema la mantequilla con el azúcar.
3. Se le añaden las yemas una por una y se sigue batiendo.
4. Se agregan el chocolate y la almendra.
5. Se incorporan cuidadosamente las claras.
6. Se engrasa y enharina un molde para pastel y se vierte la pasta.
7. Se pone a baño María, cubriéndolo muy bien con papel de aluminio para que son se le meta el agua y que el agua no llegue más arriba de la mitad del molde.
8. Se mete en el horno precalentado, durante 30 minutos o hasta que al meter un palillo éste sale limpio.
9. Se voltea en un platón y se cubre con crema chantilly o con un fondant de chocolate.

Fondant de chocolate
1. Se hace derritiendo chocolate amargo con una cucharadita de leche a que quede de consistencia para untar.

PASTEL DE CUMPLEAÑOS

10 personas

1 ½ taza de mantequilla
1 ½ taza de azúcar
3 huevos
2 tazas de harina cernida
¼ cucharadita de sal
2 cucharaditas de polvo de hornear
⅔ taza de leche
2 cucharaditas de vainilla
Betún
½ taza de mantequilla (1 barrita)
½ kilo de azúcar glass
1 huevo
1 cucharadita de vainilla
⅛ cucharadita de sal
1 cucharada de crema

El Pastel
1. Se precalienta el horno a 190°C.
2. Se acrema la mantequilla. Se le añade el azúcar y se mezcla bien, sin dejar de batir.
3. Se le agregan los huevos uno por uno.
4. Se cierne la harina con la sal y el polvo para hornear y se le añade a lo anterior alternando con la leche.
5. Se agrega la vainilla.
6. Se engrasan dos moldes de 8 pulgadas de diámetro (20 centímetros) y se vierte ahí la pasta.
7. Se meten al horno precalentado durante 25 minutos más o menos o hasta que el meter un palillo, este salga seco.
8. Se sacan, se dejan enfriar, se desmoldan, y se rellenan con el betún. Se cubre el pastel con los mismo y se adorna con las velas.

Betún

1. Se acrema la mantequilla.
2. Se le añade ⅓ de azúcar. Sin dejar de batir.
3. Se mezcla muy bien y se le agrega la sal, la crema de leche y la vainilla.
4. Se bate unos segundos y se añade el huevo.
5. Se sigue batiendo hasta que esté suave y se agrega el resto del azúcar.

Nota: Si se quiere hacer de *Chocolate:* se le añade 2 tabletas de chocolate amargo, de *limón:* omite la vainilla, la leche y la crema y se le añade 2 cuchadas de jugo de limón; *de menta;* se omite la vainilla y se le añade ½ cucharadita de extracto de menta y unas gotas de color vegetal verde.

PASTEL DE NUEZ

8 personas

8 yemas
1 taza de azúcar
8 claras batidas a punto de turrón
1 limón, su jugo
250 gramos de nuez molida (se apartan 6 o 7 nueces enteras para adornar)
4 cucharadas de pan molido cernido y dorado en una sartén, moviéndolo para que no se queme
1 taza de mermelada de chabacano o de piña
¼ de litro de crema dulce para decorar
Azúcar glass
Cerezas en almíbar para decorar

1. Se precalienta el horno a 200°C.
2. Se baten muy bien las yemas. Se les agrega el azúcar y se siguen batiendo hasta que estén claras y espesas.
3. Se añaden el jugo de limón, la nuez y el pan molido.
4. Se incorporan cuidadosamente las claras.
5. Se engrasan y se enharinan dos moldes para pay de 9 pulgadas (23 centímetros).
6. Se vierte en ellos la pasta.
7. Se meten al horno precalentado durante 15 o 20 minutos (se prueban con un palillo para saber si ya están).
8. Se rellenan y se cubren con mermelada poniendo uno sobre otro.
9. Se decoran con la crema batida con azúcar glass hasta que espese y con nueces enteras y cerezas en almíbar.

PASTEL CUATRO CUARTOS

6 personas

4 huevos
125 gramos de azúcar
1 cucharadita de vainilla
125 gramos de harina cernida
125 gramos de mantequilla derretida
Azúcar glass para decorar

1. Se precalienta el horno a 170°C.
2. Se baten a alta velocidad muy bien los huevos con el azúcar y la vainilla hasta que tripliquen su tamaño.
3. Se les añade la harina poco a poco envolviendo con mucho cuidado como se hace con las claras.
4. Por último se agrega la mantequilla de cucharada en cucharada y se mezcla todo muy bien pero sin batir.
5. Se pone en un molde cuadrado o redondo untado con mantequilla
6. Se mete al horno precalentado durante 25 minutos.
7. Se desmlda y se espolvorea con azúcar glass cernida.

PASTEL MOKA

8 personas

5 huevos
100 gramos de azúcar (⅓ taza)
100 gramos de harina
10 gramos de café soluble (1 cucharada disuelto en 1 cucharada de agua caliente)
100 gramos de mantequilla
Kahlúa
1 paquete de chocolate a la vainilla rallado

1. Se precalienta el horno a 180°C.
2. Se baten los huevos. Se les añade el azúcar y se sigue batiendo hasta que espesen.
3. Se incorpora la harina, el café y por último la mantequilla derretida.
4. Se engrasa con mantequilla y se enharina un molde redondo.
5. Se vierte ahí la mezcla y se mete al horno precalentado durante 30 minutos.
6. Se saca, se deja enfriar, sobre una rejilla.
7. Se desmolda, se parte a la mitad y se baña con el licor de café (Kahlúa) al gusto.
8. Se rellena con crema inglesa espesa (*ver crema inglesa espesa*) mezclada con café.
9. Se cubre con la misma crema y se adorna con tiras de azúcar que luego se queman con un fierro caliente y con el chocolate rallado.

PASTEL DE PIÑA DE REFRIGERADOR

10 personas

200 gramos de mantequilla
275 gramos de azúcar glass
4 yemas
2 cucharadas de ron
150 gramos de almendras peladas y picadas
5 cucharadas de crema espesa
¼ de litro de crema dulce para batir
1 lata de piña en rebanadas
5 docenas de soletas

1. Se acrema la mantequilla. Se le añade el azúcar cernida (200 gramos).
2. Se agregan las yemas una a una y se sigue batiendo.
3. Se añaden el ron, las almendras, la crema y la piña escurrida y picada (se apartan unas rebanada para decorar).
4. Se refrigera 30 minutos.
5. Se coloca en el fondo de un molde redondo un pedazo de papel de estaño engrasado que sobrepase los bordes del molde para después poder desmoldar el pastel con facilidad.
6. Se coloca sobre éste una capa de soletas, luego una de relleno y así sucesivamente hasta acabar con soletas.
7. Se cubre con otro pedazo de papel, se aprieta y se refrigera varias horas (5 o 6).
8. Se desmolda, se cubre con la crema dulce batida con los 75 gramos de azúcar restantes y se decora por los lados con triángulos de piña.

PASTEL SACHER

8 personas

225 gramos de mantequilla
150 gramos de azúcar
8 yemas
150 gramos de pan molido cernido
150 gramos de chocolate amargo derretido con 2 o 3 cucharadas de leche
1 taza de coñac o brandy
8 claras batidas a punto de turrón

Para decorar
1 taza de mermelada de chabacano o de fresa
150 gramos de chocolate amargo derretido con 2 cucharadas de leche

1. Se precalienta el horno a 180°C.
2. Se acrema la mantequilla. Se le añade el azúcar y se bate muy bien.
3. Se agregan las yemas una a una, sin dejar de batir.
4. Se añaden el pan molido, el chocolate derretido y el coñac.
5. Se incorporan las claras cuidadosamente.
6. Se engrasa un molde redondo con mantequilla y se enharina.
7. Se vierte la pasta y se mete al horno precalentado durante más o menos 30 minutos.
8. Se deja enfriar, se desmolda, se parte a la mitad y se rellena con la mermelada.
9. Se vuelve a unir, se unta la mermelada y se cubre con el chocolate derretido.

PAY FRANCES DE ALMENDRA

8 personas

300 gramos de pasta de hojaldre
125 gramos de almendras peladas
125 gramos de mantequilla
125 gramos de azúcar
4 huevos
1 cucharadita de extracto de almendra

1. Se precalienta el horno a 200°C.
2. Se extiende la pasta de hojaldre y se forra con ella un molde de pay de 27 centímetros (11 pulgadas) engrasado con mantequilla.
3. Se licua las almendras con los huevos, el azúcar, la mantequilla y el extracto de almendra.
4. Se vierte esto sobre la pasta y se le dan unos golpecitos sobre la mesa, para que se salga todo el aire que puede haberse quedado en el relleno.
5. Se mete al horno precalentado durante 25 minutos.
6. Se saca y se espolvorea con azúcar glass.

Nota: También se puede cubrir con merengue hecho con 3 claras de huevo y 6 cucharadas de azúcar.

PAY DE MANZANA

8 personas

Pasta quebrada o de hojaldre para un molde para pay de 9 pulgadas (más o menos 300 gramos)

1 ½ cucharadas de miel de maíz clara
¾ taza de azúcar
1 pizca de sal
¾ cucharadita de canela
¼ de cucharadita de nuez moscada
3 ½ tazas de manzanas para pay peladas y rebanadas delgadas
1 cucharada de jugo de limón
1 taza de crema espesa

Para la cubierta
½ taza de azúcar
½ taza de harina
¼ taza de nueces picadas
1 cucharadita de canela
⅛ de nuez moscada

1. Se precalienta el horno a 210°C.
2. Se extiende la pasta con el rodillo y se forra el molde para pay engrasado.
3. Se mezclan todos los ingredientes del relleno y se vierten sobre la pasta.
4. Se mete el pay al horno precalentado durante 30 minutos.
5. Se espolvorea con la mezcla para la cubierta.
6. Se baña con ⅓ de taza de mantequilla derretida.
7. Se vuelve a meter al horno 20 o 25 minutos más.

Cubierta
1. Se combinan todos los ingredientes.

PAY DE NUECES

6 personas

1 receta de pasta para pay (pasta quebrada)
2 huevos batidos
1 taza de miel de maíz oscura
⅛ cucharadita de sal
1 cucharadita de vainilla
1 taza de azúcar
2 cucharadas de mantequilla derretida
1 taza de nueces

1. Se precalienta el horno a 200°C.
2. Se extiende la pasta de pay y se forra un molde 9 pulgadas de diámetro (23 centímetros).
3. Se mezclan todos los demás ingredientes y se vierte esta mezcla dentro del pay.
4. Se mete al horno precalentado durante 15 minutos.
5. Se baja la temperatura a 190°C y se cocina de 30 a 35 minutos más.
6. El pay está listo cuando al meter un palillo en el centro éste sale limpio.

PIÑA DE LAS ANTILLAS

6 a 8 personas

¼ litro de crema dulce para batir
4 cucharadas de azúcar
3 plátanos
1 cucharadita de vainilla
1 piña madura
2 tazas de ron tipo antillano
90 gramos de chocolate amargo rallado

1. Se bate la crema con 2 cucharadas de azúcar a que quede como chantilly.
2. Se machacan los plátanos con un tenedor, se les añade la vainilla.
3. Se mezclan con la crema.
4. Se rebana la piña en rebanadas gruesas. Se pone a macerar con el ron y 2 cucharadas de azúcar.
5. Se cubre cada rebanada de piña con la crema y se adornan con el chocolate.
6. Se mete todo esto 2 o 3 horas al refrigerador.
7. Se sirve.

PIÑA FRESCA AL JEREZ

4 a 6 personas

1 piña grande
1 taza de fresas frescas bien limpias
1 taza de azúcar
1 taza de jerez dulce

1. Se le quita la parte superior a la piña, abriéndole una tapa.
2. Se le hace un pequeño corte en la parte de abajo, para poderla parar.
3. Se vacía, dejando solamente la cáscara.
4. Se mezcla la pulpa de la piña picada con las fresas, el azúcar y el jerez.
5. Se vuelve a rellenar la piña con la mezcla anterior y se mete al refrigerador por lo menos 2 horas.

POSTRE DE DÁTIL Y NUEZ

8 personas

9 claras de huevo batidas a punto de turrón
50 gramos de azúcar
300 gramos de nuez molida no muy fina
50 gramos de pasitas negras
50 gramos de dátiles sin hueso picaditos
50 gramos de pasitas sultanas
1 cucharadita de polvo de hornear

Para cubrir
9 yemas de huevo muy bien batidas con 350 gramos de azúcar

1. Se precalienta el horno a 170°C.
2. A las claras muy bien batidas se les añade poco a poco el azúcar y los demás ingredientes.
3. Se vierte esta mezcla en un molde redondo y alto, engrasado y enharinado y se mete al horno precalentado, durante 45 minutos o hasta que al introducir en el pastel un palillo este salga limpio.
4. Se saca, se deja enfriar, se desmolda.
5. Se cubre con las yemas de huevo muy bien batidas con el azúcar.

SOUFFLE DE AGUACATE

8 personas

100 gramos de mantequilla
125 gramos de harina (1 taza)
½ litro de leche
2 naranjas, cáscara y jugo
200 gramos de azúcar (1 taza)
1 aguacate mediano
50 gramos de avellanas tostadas y picadas
50 gramos de almendras peladas, tostadas y picadas
6 huevos

1. Se precalienta el horno a 210°C.
2. Se derrite la mantequilla en una cacerola gruesa y se le añade la harina.
3. Se fríe 2 minutos, se le añaden la leche fría y la cáscara de naranja picada en pedacitos pequeños.
4. 1 minuto después se le añaden el jugo de naranja y el azúcar y se deja hervir más o menos 2 minutos sin dejar de mover.
5. Se saca del fuego, se deja entibiar y se le añaden el aguacate pasado por una coladera, las yemas una a una y, por último, se incorporan con mucho cuidado las claras batidas a punto de turrón.
6. Se vierte esta pasta en un molde para soufflé, si es posible de barro engrasado con mantequilla y se adorna con las avellanas y las almendras.
7. Se mete al horno precalentado y se deja 45 minutos teniendo cuidado de no abrir el horno para nada durante este tiempo.
8. Se sirve inmediatamente para que no se baje.

SOUFFLE DE GRAND MANIER

4 personas

1 yema de huevo
1 taza de crema pastelera (*ver crema para rellenar los choux*)
¼ de taza de Grand Marnier
⅛ taza de coñac
4 claras batidas a punto de turrón
Azúcar glass para espolvorear

1. Se añade la yema a la crema pastelera. Se mezcla muy bien.
2. Se le agregan después los licores y por último las claras batidas.
3. Se engrasa un molde para soufflé.
4. Se espolvorea con azúcar glass.
5. Se vierte la pasta.
6. Se mete al horno precalentado a 200°C durante 30 minutos.
7. No debe abrirse el horno durante el cocimiento. Se sirve inmediatamente.

CAPITULO 11

DULCES MEXICANOS

ÍNDICE

ALFAJOR DE CACAHUATE ESTILO MARÍA CÓRDOVA

25 a 30 piezas

1 pieza de piloncillo
1 taza de cacahuates, tostados y pelados
2 cucharadas de agua tibia

1. Se parte el piloncillo en pedacitos pequeños y se pone en el procesador de alimentos junto con el cacahuate, hasta que esté todo muy bien molido.
2. Se le agrega poco a poco el agua hasta que forme una pasta manejable con las manos.
3. Se extiende sobre la mesa un poquito enharinada, extendiéndola bien con el rodillo.
4. Se cortan los alfajores con un cortador de galletas en forma de rombo
5. Se colocan en un platón y se dejan secar.

ALFAJOR DE COCO

12 personas

2 litros de leche
800 gramos de azúcar (4 tazas)
1 raja de canela
2 yemas de huevo
¼ taza de vino de jerez dulce
1 coco pelado y rallado

1. Se pone a hervir la leche con el azúcar y la canela a fuego lento, hasta que espesa (tarda como 1 hora).
2. Se le agregan entonces las yemas diluidas en el jerez, se mezcla perfectamente y se le añade el coco muy bien rallado.
3. Se mueve sin cesar hasta que se vea muy bien el fondo del cazo y el dulce se desprenda con facilidad de los lados.
4. Se saca de la lumbre, se bate con la batidor hasta que empanice, se extiende sobre una servilleta húmeda y se aplana con la mano.
5. Se deja enfriar y se corta en forma de cocolitos.

ALFAJOR DE PEPITA ESTILO VERACRUZ

rinde 300 gramos

1 taza de pepita pelada
1 ½ taza de ceniza de chimenea
1 taza de azúcar
½ taza de agua
1 cucharada de glucosa o 2 cucharadas de miel de maíz natural

1. Se pone a remojar la pepita desde la noche anterior con la ceniza y agua.
2. Al día siguiente se enjuaga muy bien frotándola con las manos hasta que suelte toda la cascarita verde.
3. Se lava perfectamente y se muele con un poquito de agua. Debe quedar muy bien molida.
4. Se hace una miel con el azúcar, el agua y la glucosa o la miel, a punto de bola suave, se deja entibiar un poco y se le añade la pepita molida.
5. Se deja sobre la lumbre moviendo constantemente a que tome el mismo punto anterior.
6. Se saca, se bate hasta que empaniza (o seca un poco).
7. Se vierte en un molde forrado con una servilleta húmeda, se le da forma ayudándose con las manos y se desmolda.

ALMENDRADO REAL

10 a 12 piezas

Para el almendrado
3 tazas de almendras (375 gramos)
2 tazas de azúcar (400 gramos)
2 cucharadas de glucosa o 4 de miel de maíz sabor natural
1 taza de agua
4 yemas

Para la conserva de ciruelas
2 tazas de ciruelas deshuesadas
2 tazas de azúcar
1 taza de agua
1 cucharada de glucosa o miel de maíz sabor natural

Para el merengue
4 claras de huevo
1 taza de azúcar
1 cucharadita de vainilla

El Almendrado
1. Las almendras se pelan y se ponen a remojar en agua helada en el refrigerador por lo menos 1 hora.
2. Se muelen muy bien.
3. Se hace una miel a punto de hebra con el azúcar, la glucosa y el agua.
4. Se le añade la almendra se mezcla muy bien hasta que se vea el fondo del cazo.
5. Las yemas, perfectamente batidas, se agregan entonces poco a poco, batiendo vigorosamente,con un batidor de alambre para que no se cuezan las yemas.
6. Se deja a que tome punto de cajeta o de postre, a que vea el fondo del cazo.
7. Se vierte sobre un platón, se deja enfriar, se cubre con la conserva de ciruelas y, por último, se adorna con el merengue.

Conserva de ciruelas

1. Se hace una miel mediana, se le agregan las ciruelas y se procura que se deshagan un poco en la miel.
2. Se deja hervir a que quede espesita.

Merengue

1. Las claras y el azúcar se ponen en una cacerola al fuego, que deberá ser lento, y se baten con la batidora eléctrica (sobre la lumbre) hasta que al tomar un poco de merengue.
2. Que al meter una cuchara este no se caiga.

ARROZ CON LECHE

6 personas

1 taza de arroz
2 tazas de agua
1 raja de canela
4 tazas de leche
2 tazas de azúcar
½ taza de pasitas (optativas)

1. Se pone a cocer a fuego lento el arroz, previamente remojado en agua caliente y enjuagado en agua fría, con las 2 tazas de agua y la canela.
2. Una vez cocido se le añaden la leche y el azúcar (y las pasas) y se deja hervir a fuego lento hasta que espese (más o menos 1 ½ horas).

BOCADILLOS DE AVELLANA

12 a 16 personas

1 lata de leche (2 tazas)
2 tazas de azúcar (400 gramos)
1 vaina de vainilla partida a la mitad a lo largo
1 pizca de bicarbonato
50 gramos de avellana

1. Se pone a hervir la leche con el azúcar, la vainilla y el carbonato hasta que tome punto de cajeta (tarda como 1 hora).
2. Se le agrega entonces la avellana (a la que se habrá quitado la cascarita delgada poniéndola unos minutos en el horno caliente, y tallando con un trapo para que se desprenda fácilmente) molida
3. Se sigue moviendo hasta que dé punto de bola suave.
4. Se saca de la lumbre y se bate muy bien hasta que empanice.
5. Se extiende sobre una tabla y se corta en forma de cocolitos.

BOLITAS DE PIÑÓN

35 piezas

1 taza de agua
1 ½ tazas de azúcar
1 cucharada de miel de maíz natural
1 ½ tazas de piñones bien limpios
4 yemas de huevo
Azúcar para decorar

1. Se hace una miel a punto de bola suave con el agua, el azúcar y la miel, se deja entibiar.
2. Los piñones se muelen y se mezclan con las yemas batidas.
3. Se le agrega esta mezcla a la miel y se vuelve a poner sobre la lumbre hasta que se vea muy bien el fondo del cazo.
4. Se mueve sin cesar.
5. Se saca de la lumbre y se bate hasta que seque y quede una pasta manejable.
6. Se hacen las bolitas y se revuelcan en azúcar granulada.

BUÑUELOS DE MOLDE

20 piezas

2 huevos ligeramente batidos
2 cucharadas de azúcar
1 taza de leche
1 taza de harina
½ cucharadita de sal
1 cucharada de extracto de vainilla o de limón
Aceite para freír
Azúcar para adornar
Canela en polvo
1 molde para hacer buñuelos

1. Se mezclan los huevos con el azúcar, luego se añade la leche.
2. Se cierne la harina antes de medirla y luego se vuelve a cernir con la sal.
3. Se mezcla con lo anterior y se bate hasta que esté suave.
4. Se deja reposar por lo menos 2 horas antes de usarla.
5. Se calienta el aceite,
6. Se mete el molde unos segundos en él, luego en la pasta, y se van haciendo los buñuelos.
7. Por último, se revuelcan en azúcar mezclada con canela en polvo.

CAJETA BLANCA

6 personas

Se hace igual que la cajeta oscura, pero no se quema el azúcar.

CAJETA DE CELAYA

10 personas

8 tazas de leche de cabra (2 litros)
5 tazas de azúcar (1 kilo)
1 cucharadita de bicarbonato

1.   Se hace igual que la cajeta oscura, pero con leche de cabra.

CAJETA OSCURA

6 personas

1 litro de leche (4 tazas)
1 rajita de canela o una vaina de vainilla al gusto
1 cucharadita de bicarbonato
375 gramos de azúcar (1 ¾ tazas)
¼ taza de miel de maíz sabor natural
1 taza de nueces picadas (opcional)

1. Se pone a hervir la leche con la canela o la vainilla y el bicarbonato en un recipiente grueso con capacidad de 3 litros.
2. Por otro lado se pone el azúcar con ½ taza de leche a requemar, hasta que tome un color dorado claro.
3. Se le añade entonces a la leche junto con la miel de maíz, se revuelve bien y se deja hervir a fuego lento, moviendo de vez en cuando hasta que tome punto hebra o de cajeta (o sea, cuando se comienza a ver el fondo del cazo).
4. Se saca de la lumbre y se le añaden las nueces.
5. Se vierte en un platón hondo y se deja enfriar.

Nota: Cuando comienza a espesar (tarda como 45 minutos) se mueve constantemente para que no se queme.

COCADA

8 personas

1 litro de leche (4 tazas)
500 gramos de azúcar (2 ½ tazas)
1 coco pelado y rallado
6 yemas de huevo

1. Se pone a hervir un rato la leche con el azúcar a que espese
2. Se le añade el coco rallado y se deja hervir un rato largo (más o menos 30 minutos) a fuego lento.
3. Se retira entonces del fuego y se le añaden poco a poco las yemas muy bien batidas, moviendo vigorosamente con un batidor de globo para que no se cuezan.
4. Se vuelve a poner sobre la lumbre y se mueve sin cesar hasta que toma punto de cajeta, o sea, cuando al poner un poquito sobre un plato frío tiene la consistencia de la cajeta.
5. Se vacía en un platón refractario y se mete al horno para que dore.

DULCE DE CAMOTE CON PIÑA

8 personas

2 ½ tazas de piña molida y colada
2 ½ tazas de azúcar
2 tazas de camote blanco, amarillo o morado cocido, pelado y molido
Piñones o nueces para adornar
5 gotas de colorante amarillo (en caso de no encontrar camote amarillo)

1. Se hace una miel espesa con la piña molida y colada y el azúcar (hasta que se vea el fondo del cazo).
2. Se deja enfriar unos minutos y se le agrega el camote molido.
3. Se vuelve a poner sobre la lumbre y se menea hasta que se vea el fondo del cazo.
4. Se vacía en un platón y se adorna con piñones o nueces.

Nota: Si se usa camote blanco se le deben añadir las 5 gotas de colorante amarillo para que tenga mejor presentación.

DULCE DE COCO CON PIÑA

8 personas

3 tazas de azúcar (800 gramos)
1 taza de agua
3 tazas de piña molida y colada
1 coco fresco, pelado y rallado
4 yemas
½ litro de leche (2 tazas)
24 almendras para adornar, peladas, afiladas y doradas en el horno

1. Se hace una miel espesa con el azúcar y el agua.
2. Se le añade la piña y el coco y se deja hervir, moviendo de vez en cuando, hasta que se vea el fondo del cazo.
3. Se saca de la lumbre y se deja reposar hasta el día siguiente.
4. Se disuelven entonces las yemas en la leche, se mezclan a lo anterior y se vuelve a poner todo al fuego, moviendodo constantemente.
5. Tiene que tomar el mismo punto que el día anterior.
6. Se vacía en un platón y se adorna con las almendras.

FLAN

6 personas

1 litro de leche (4 tazas) hervida con 1 vaina de vainilla abierta
1 taza de azúcar (200 gramos)
4 yemas
3 huevos enteros
¾ taza de azúcar para el molde

1. En una cacerola se pone a hervir la leche con la vainilla y el azúcar.
2. Se baten las yemas y los huevos muy bien, se le agregan poco a poco, moviendo vigorosamente con el batido de globo.
3. Se vierte de la flanera, en la que previamente se habrá puesto el resto del azúcar a que se haga caramelo.
4. Se pone en baño María más o menos 1 ½ horas, o hasta que al meter un palillo éste salga seco.
5. Se deja enfriar completamente y se desmolda.

FLAN DE COCO

12 personas

3 litros de leche
¾ taza de azúcar
2 ½ tazas de azúcar (500 gramos)
2 cocos pelados
12 huevos para encaramelar el molde

1. Se hierve 1 ½ litros de leche con el azúcar hasta que tome punto de cajeta (en el termómetro punto de hebra).
2. Los cocos pelados se muelen con el otro litro y medio de leche hirviendo, y ésta se deja enfriar completamente.
3. Se cuela con un manta de cielo exprimiendo perfectamente.
4. Se mezcla entonces esta leche de coco con la otra leche que está a punto de cajeta, y se agregan los huevos batidos.
5. Se encaramela un molde para flan con ⅓ de taza de azúcar, y ahí se añade la mezcla anterior.
6. Se pone a cuajar en baño María hasta que, al meter un palillo, éste salga limpio.

GAZNATES

18 a 24 piezas

4 yemas de huevo
½ cucharadita de polvo de tequesquite (se compra en el mercado)
⅓ taza de harina
Aguardiente de caña
Manteca de cerdo
Aceite de maíz para freír
Azúcar glass y canela en polvo para espolvorear

1. Se baten muy bien los huevos con el tequesquite y se les añade poco a poco la harina hasta formar una pasta suave que se pueda extender con el rodillo.
2. Se hace una bola, se moja uno las manos con aguardiente y se unta la bola, repitiendo esta operación 3 veces.
3. Se envuelve en un trapo y se deja reposar 10 minutos.
4. Se van tomando poco a poco porciones de pasta (no se extiende toda junta porque se orea), se extienden con el rodillo lo más delgaditas posible, se cortan en cuadritos de tamaño mediano, se pegan las puntas contrarias con la clara (para formar un canutillo rellenable).
5. Se fríen en manteca o aceite de maíz bien caliente.
6. Se escurren sobre papel absorbente.
7. Se revuelcan en azúcar glass mezclada con canela.

Se pueden rellenar de crema pastelera espesa o de cocada.

GELATINA DE LECHE

8 personas

2 cucharadas de grenetina o 2 sobrecitos
½ taza de agua fría
3 yemas de huevo
½ taza de pasitas (opcionales)
1 taza de leche evaporada
1 ⅔ tazas de azúcar
1 vaina de vainilla abierta a lo largo o de una canela

1. La grenetina se vierte en la ½ taza de agua fría y se deja reposar unos minutos.
2. El resto de los ingredientes se mezcla y se pone sobre la lumbre moviendo constantemente hasta que suelta el hervor.
3. Se añade entonces la grenetina remojada y se mezcla a que se disuelva muy bien.
4. Se retira de la lumbre, se vierte en un molde y se refirigera
5. Se deja cuajar, la vainilla o la canela.

GELATINA DE ROMPOPE AL MODO ANTIGUO

10 personas

Para el rompope
2 litros de leche
2 ½ tazas de azúcar (500 gramos)
1 taza de almendras peladas y remojadas en agua helada (125 gramos)
4 yemas de huevo
1 raja de canela
2 clavos de olor
1 cucharadita de nuez moscada
½ cucharadita de bicarbonato

Para la gelatina
6 sobrecitos (o 6 cucharadas) de grenetina
1 taza o 1 ½ tazas, al gusto, de brandy
1 cucharada de agua de azahar

El Rompope
1. Se hierve la leche.
2. En una cacerola gruesa se pone el azúcar con ¼ de taza de agua a que se haga caramelo (debe quedar como para flan).
3. Se le agrega entonces la mitad de la leche y se deja hervir 10 minutos.
4. Las almendras peladas se muelen muy bien en la licuadora o en el procesador de alimentos, de ser necesario con 5 cucharadas del agua fría donde se remojaron.
5. Las yemas se baten muy bien, se juntan con las almendras y se agregan muy poco a poco, junto con la canela, los clavos y la nuez moscada, a la leche con el azúcar y el bicarbonato moviendo constantemente con un batidor de globo.
6. Se deja hervir 15 minutos y se le agrega la otra mitad de la leche, a la que se le habrá añadido el bicarbonato.
7. Se deja hervir más o menos 25 minutos o hasta que tome el punto de atolito ligero.

La Gelatina

1. La grenetina se disuelve en 1 ½ tazas de agua fría y se le añade el rompope hirviendo.

2. Se mueve muy bien a que se disuelva, se retira de la lumbre, se le agrega el brandy y el agua de azahar.

3. Se vierte en un molde y se mete al refrigerador a cuajar.

Nota: Si en lugar de gelatina se quiere hacer únicamente el rompope. La primera mitad de la leche se cuela en un trapo de manta de cielo después de haber hervido 15 minutos. Se junta entonces con la otra mitad de la leche, se deja a que tome el punto, se saca de la lumbre, se le añaden el brandy y el agua de azahar y se embotella.

HUEVITOS DE FALTRIQUERA

80 piezas

¾ de taza de azúcar
2 cucharadas de miel de maíz sabor natural
Azúcar para decorar
Canela en polvo
Papel de china de colores para envolverlos
¼ de taza de almendras
¾ de taza de avellanas
4 yemas de huevo

1. En una cacerola gruesa se pone sobre la lumbre el azúcar con ⅛ de taza de agua y la miel de maíz, a que tome punto de bola suave.
2. Se retira de la lumbre y se deja entibiar un poco.
3. La almendra se pela y se pone en agua fría en el refrigerador por lo menos 1 hora.
4. Se muele muy bien en la licuadora o en el procesador de alimentos.
5. La avellana también se muele y se junta con la almendra y las yemas medio batidas.
6. Se agrega esta mezcla a la miel y se vuelve a poner al fuego, que debe estar bajo.
7. Se mueve sin cesar, hasta que se vea el fondo del cazo y la pasta se desprenda fácilmente de los lados.
8. Se saca de la lumbre, se bate con la batidora hasta que seca y enfría.
9. Se hacen unas bolitas pequeñas, se revuelcan en azúcar mezclada con canela.
10. Se envuelven con el papel de china.

HUEVO REAL CON DULCE DE ALMENDRAS Y TURRÓN

8 a 10 piezas

2 tazas de almendras peladas (250gramos)
5 tazas de azúcar (1 kilo)
10 huevos
2 cucharadas de glucosa o ½ taza de miel de maíz natural
1 raja de canela
Ron o jerez (al gusto)
50 gramos de piñones para decorar

Dulce de almendras

1. Las almendras, después de peladas, se ponen en agua fría en el refrigerador por lo menos 1 hora, y luego se muelen muy bien en la licuadora o en el procesador de alimentos con 6 cucharadas del agua donde se remojaron.
2. Se hace una miel a punto de bola suave con 2 tazas de azúcar, la glucosa o la miel y 1 taza de agua.
3. Se deja enfriar un poco y se le añade la almendra molida.
4. Se vuelve a poner sobre la lumbre sin dejar de mover hasta que tome punto de cajete (o sea, que se vea bien el fondo del cazo).
5. Se vierte en un platón.

Huevo real

1. Se baten las yemas a punto de cordón y se vierten en un molde engrasado del tamaño del platón donde se puso el dulce de almendra.
2. Se mete al horno precalentado a 180°C, a baño María, durante 45 minutos.
3. Se saca, se desmolda y se mete en una miel ligera hirviendo, que se habrá hecho con 2 tazas de azúcar, 1 taza de agua, una raja de canela y el licor seleccionado.
4. Con mucho cuidado se saca el huevo real de la miel, y se coloca sobre el dulce de almendras.

Turrón

1. Se hace una miel a punto de bola dura con una taza de azúcar, ½ taza de agua y 1 cucharada de miel de maíz.

2. Se baten 4 claras a punto de turrón y se les añade la miel poco a poco, sin dejar de batir.

3. Con esto se cubre el huevo real y se adorna con los piñones bien limpios.

JAMONCILLO BLANCO

rinde 1 ½ kilos

2 litros de leche (8 tazas)
4 ½ tazas de azúcar (800 gramos)
½ cucharadita de bicarbonato
1 vaina de vainilla o una de canela (al gusto)

1. En una cacerola gruesa con capacidad de 5 litros se colocan todos los ingredientes y se dejan hervir a fuego lento moviendo de vez en cuando.
2. Al comenzar a tomar punto (tarda aproximadamente 45 minutos) se mueve sin cesar hasta que tome punto de bola firme.
3. Se saca de la lumbre y se bate vigorosamente hasta que al probarlo se siente un poco arenoso al paladar.
4. Entonces se vierte en un molde para panqué forrado con una servilleta húmeda, se deja enfriar y se desmolda.

Nota: Si se desea que el jamoncillo salga de color oscuro se comienza quemando el azúcar con un poco de leche a que quede color caramelo, y luego se hace igual que el anterior.

JAMONCILLO CON FRUTA CONFITADA

rinde 2 kilos aproximadamente

3 litros de leche (12 tazas)
1 vaina de canela
1 vaina de vainilla abierta a lo largo
5 tazas de azúcar
8 yemas de huevo
20 cerezas confitadas 10 picadas y 10 enteras para adornar
1 cuadrito de biznaga picado
1 rebanada de piña confitada picada
4 cucharadas de piñones
4 cucharadas de nueces (apartar 10 nueces para decorar)

1. Se pone a hervir la leche con la canela, la vainilla y el azúcar.
2. Cuando espesa se retira del fuego y se le añaden poco a poco las yemas muy bien batidas, moviendo vigorosamente.
3. Se vuelve a poner sobre la lumbre y se mueve constantemente a que tome punto de bola suave.
4. Se retira del fuego y se bate hasta que al probarlo se sienta arenoso al paladar.
5. Se vierte la mitad en un molde para panqué forrado con una servilleta húmeda.
6. En el centro se coloca la fruta confitada y las nueces, y se vierte el resto.
7. Se adorna con las nueces y las cerezas.
8. Se deja enfriar y se desmolda.

JAMONCILLO DE PEPITA

rinde 450 gramos

1 ½ tazas de pepita pelada
2 tazas de ceniza de chimenea
1 litro de leche (4 tazas)
2 tazas de azúcar
Unas gotas de colorante rojo

1. La pepita se pone igual que en el alfajor de pepita, para poder quitarle la pielecita verde.
2. Se hierve la leche con el azúcar.
3. Cuando empieza a espesar se toman ¾ de taza y con esto se muele la pepita.
4. Cuando la leche toma punto de cajeta (punto de hebra en el termómetro) se le añade la pepita molida y se mueve constantemente hasta que tome punto de bola suave.
5. Se saca y se aparta una tercera parte de la pasta, a la cual se le añadirán unas gotas de colorante rojo a que quede de un color rosado pálido.
6. Se baten muy bien las dos partes restantes para que empanicen o sequen.
7. Se forra un molde rectangular con una servilleta húmeda, se vierte una capa de pasta blanca , luego una de pasta rosa y por último otra de blanca.
8. Se desmolda y se deja secar un poco.

LECHE PLANCHADA

8 personas

6 manzanas rojas ralladas (así se llama la manzana), peladas y cortadas en
     gajos finos
2 ½ tazas de azúcar
¾ cucharadita de clavo de olor en polvo
1 ¼ litros de leche (5 tazas)
1 vaina de vainilla partida a lo largo
Sal
5 yemas de huevo
3 cucharadas de harina de maíz
1 cucharada de harina de trigo
30 gramos de mantequilla
Canela en polvo

1. Se colocan en una cacerola gruesa la manzana, 1 taza de azúcar y
     el clavo, se tapa y se pone sobre la lumbre hasta que la manzana
     quede como cristalizada, o sea un poco transparente.
2. Se acomoda entonces en un platón, se baña con su jugo –debe
     quedar como jalea–, se cubre con la crema inglesa –debe quedar
     espesa como para pay–, se espolvorea con azúcar y canela y se
     plancha con una plancha de fierro (de las que se usaban antes
     para planchar), que se habrá puesto con bastante anticipación
     sobre la lumbre para que esté muy caliente.
3. También se puede meter bajo el asador para que se dore el azúcar.

Crema inglesa
1. Se hierve la leche durante 5 minutos con el azúcar restante (1 ½
     tazas), la vainilla y una pizca de sal.
2. Se baten las yemas con las dos harinas y se añaden a la leche
     hirviendo, muy poco a poco y batiendo vigorosamente con un
     batidor de alambre hasta que espesa.
3. Se retira de la lumbre y se le añade a mantequilla.
4. Se le quita la vainilla.
5. También se puede hacer de chicozapote. Éste se pone fresco.

MOSTACHONES

40 piezas

250 gramos de almendras (2 tazas)
125 gramos de azúcar (½ taza)
Claras de huevo, las necesarias
¼ taza de almendra martajada

1. Se precalienta el horno a 170°C.
2. Se pelan las almendras, se secan perfectamente y se muelen muy bien junto con el azúcar.
3. Luego se les agrega poco a poco la clara hasta formar una pasta suave, que se va poniendo con una cuchara en una charola de horno.
4. Se adorna con la almendra martajada (o sea pelada y molida toscamente).
5. Se mete al horno precalentado 10 minutos.

NUECES CUBIERTAS O GARAPIÑADAS

rinde 300 gramos

1 taza de azúcar (205 gramos)
½ taza de agua
1 ½ tazas de nueces (150 gramos)
2 gotas de color vegetal rojo (opcional)

1. En una cacerola gruesa, de preferencia esmaltada, se pone el azúcar con el agua, se coloca sobre la lumbre y se deja que tome punto de bola dura.
2. Se saca, se deja enfriar, se le añade la nuez y se bate hasta que empanice.
3. Se vierte sobre una tabla a que enfríe.
4. Se envassa.

Nota: Si se le pone colorante éste debe mezclarse con el agua.

PAN DE MUERTO O DE HUEVO

30 piezas

1 kilo de harina cernida
350 gramos de azúcar
250 gramos de manteca vegetal o de mantequilla
1 ½ sobrecitos de 12 gramos de levadura en 5 cucharadas de leche tibia
13 huevos
1 cucharada de manteca de cerdo
1 cucharadita de canela
1 cucharadita de vainilla
½ taza de leche

1. Se precalienta el horno a 180°C.
2. Se hace una fuente con la harina, se le ponen en medio los demás ingredientes y se amasa hasta que se despega sola de la mesa (por lo menos ½ hora). También se puede hacer en la batidora o en el procesador de alimentos
3. Luego se hace una bola con la pasta, se enharina ligeramente, se enmanteca un poquito, se pone en una cazuela engrasada, se tapa y se deja reposar más o menos 2 ½ horas a que suba el doble de su tamaño.
4. Se hacen entonces unas bolitas del tamaño de un durazno, se colocan sobre una charola de horno engrasada, se untan con manteca y se dejan subir más o menos 1 ½ horas.
5. Se aplastan con la palma de la mano y se meten al horno precalentado, más o menos 30 minutos.

Nota: Si la pasta queda muy aguada se le añade otro poquito de harina. También, en lugar de hacer las bolitas, se puede poner en un molde de panqué engrasado. Sólo se llena la mitad, pues la pasta debe dejarse subir hasta el ras del molde antes de hornearla.

Para hacer el pan de muertos se divide la pasta en 8 partes. Se hacen 7 bolas grandes y se aplastan un poco con la mano, se decoran con tiras en forma de huesitos que se hacen con la pasta restante, se espolvorean con azúcar y se meten al horno más o menos 50 minutos o hasta que al pegárseles en la parte de abajo se escuche un sonido hueco.

PASTEL DE PASAS

8 personas

1 barra chica de mantequilla (90 gramos)
1 ½ tazas de azúcar
2 huevos enteros
3 tazas de harina cernida
2 cucharaditas de bicarbonato
1 taza de pasitas, que se habrán puesto a hervir con bastante agua
¾ taza de agua donde hirvieron las pasas

Para la salsa
2 tazas de azúcar mascabado
1 taza de agua
½ barrita de mantequilla

1. Se precalienta el horno a 150°C.
2. Se acrema la barrita de mantequilla.
3. Se le agregan el azúcar, los huevos uno por uno, la harina mezclada con el bicarbonato, las pasitas coladas y el agua donde hirvieron las pasitas.
4. Se vierte la mezcla en un molde de corona engrasado y enharinado
5. Se mete al horno precalentado durante 40 minutos.
6. Se desmolda y aún caliente se baña con la siguiente salsa, que debe estar hirviendo.

Salsa
1. Se mezclan el azúcar mascabado con el agua y la mantequilla, y se pone sobre la lumbre hasta que se logra una miel ligera.

POLVORONES

50 piezas

600 gramos de harina (4 tazas) cernida
250 gramos de manteca de cerdo
30 gramos de mantequilla
2 yemas de huevo
Azúcar glass para decorar

1. Se precaienta el horno a 200°C.
2. Se revuelve la harina con la manteca y la mantequilla
3. Se le añaden el azúcar, las yemas y la clara.
4. Se hace una bola y se palotea sobre una mesa enharinada, dejándola de 1 centímetro de espesor.
5. Se cortan los polvorones con un cortador redondo del tamaño que se desee (de preferencia pequeño).
6. Se colocan en charolas y se meten al horno precalentado durante 30 minutos más o menos.
7. Se sacan y, calientes, se revuelcan en el azúcar glass.

POSTRE DE CHICOZAPOTE

8 personas

1 kilo de azúcar
2 tazas de agua
170 gramos de almendra molida y pelada
6 yemas de huevo
6 chicozapotes maduros, pelados y deshuesados

1. Se hace la miel con el azúcar y 2 taza de agua a que quede en punto de hebra.
2. Se le añade la almendra, se deja unos minutos y se agregan las yemas bien batidas batiendo fuertemente con un batidor de alambre para que no se cuezan.
3. Se deja hervir 15 minutos moviendo sin cesar.
4. Los chicozapotes bien molidos se añaden a lo anterior y se continúa moviendo hasta que se vea bien el fondo del cazo.
5. Se vacía el postre en un platón y ya que esté totalmente frío se espolvorea con azúcar y se mete unos minutos al asador para que dore.

PUCHAS FRITAS

18 a 14 personas

7 yemas de huevo
2 cucharadas de azúcar
1 ½ cucharada de brandy o coñac
½ cucharadita de tequesquite en polvo
1 ½ cucharadita de mantequilla derretida
1 taza de harina cernida
Aceite de maíz o manteca de cerdo para freír
Azúcar glass y canela en polo para espolvorear

1. Se baten muy bien las yemas y se les agrega el azúcar.
2. Se sigue batiendo y se le añaden el coñac, el tequesquite, la mantequilla y por último la harina hasta formar una pasta suave.
3. Se enharina una mesa y ahí se extiende la pasta, lo más delgado posible.
4. Se cortan tiras como de 4 centímetros de ancho, se doblan a la mitad y se les hace unos cortes con el cuchillo del lado de doblez.
5. Si las tiras están muy largas se parten a la mitad y se hace unas rosquitas, que se pegarán con un poco de clara de huevo.
6. Se fríen metiéndolas primero del lado de las cortada para que se abran bonito.
7. Se escurren, sobre papel absorbente.
8. Se pasan por el azúcar con la canela.

PUERQUITOS

50 piezas

1 ½ piloncillos
1 raja de canela
1 taza de agua
½ kilo de harina
1 ½ cucharadita de bicarbonato de sodio
½ cucharadita de sal
300 gramos de manteca de cerdo
3 huevos

1. Se precaienta el horno a 170°C.
2. Se hace una miel espesa con el piloncillo, la canela y el agua.
3. Se cierne la harina con el bicarbonato y la sal, se amasa muy bien con la manteca.
4. Se le añaden los huevos y poco a poco y la miel a que quede una pasta manejable (o sea que pueda extenderse con el rodillo);
5. Se refrigera ½ hora.
6. Se extiende sobre una mesa enharinada y se cortan los puerquitos con un cortador de galletas que tenga forma de puerquitos.
7. Se hornean en horno precalentado durante más o menos 15 minutos.

QUESO DE ALMENDRA

rollo de 20 x 4 centímetros

1 taza (125 gramos) de almendras
5 cucharadas de agua fría donde se remojaron las almendras
½ taza de agua
1 taza menos 3 cucharadas (175 gramos) de azúcar
4 yemas batidas a punto de listón
Canela en polvo

1. Las almendras se pelan poniéndolas en agua hirviendo, se pasan a un traste de agua fría y se meten al refrigerador por lo menos 1 hora.
2. Se muelen en la licuadora o en el procesador de alimentos con las 5 cucharadas de agua fría a que quede una pasta suave.
3. En una cacerola gruesa, de preferencia esmaltada, se coloca el azúcar, se le añade la ½ taza de agua y se pone sobre la lumbre hasta que tome punto de bolsa suave.
4. Se retira del fuego, se deja enfriar unos minutos y se le añade poco a poco la almendra molida.
5. Se vuelve a poner sobre la lumbre, y se deja espesar hasta que al poner un poquito sobre un plato frío se forme una bolita suave.
6. Las yemas se baten muy bien y se añaden a lo anterior fuera de la lumbre, muy poco a poco batiendo vigorosamente con un batidor de globo para que no se cuezan.
7. Se vuelve al fuego lento y se sigue moviendo fuertemente con el mismo batidor, sin parar y en un solo sentido, hasta que al poner un poco en un plato frío se forme una bolita más bien dura.
8. Se saca de a lumbre y con una batidora eléctrica se bate hasta que empaniza (o sea, hasta que forma una pasta seca).
9. Se vierte sobre una servilleta húmeda y se le da forma de rollo o de rueda ayudándose con la misma.
10. Se espolvorea con canela al gusto y se sirve o se envuelve en papel si es para regalar.

Nota: Si la pasta queda demasiado seca se moja un poco más la servilleta, se envuelve el dulce unos minutos y se le da la forma deseada ayudándose con las manos.

REGAÑADAS

6 docenas

2 ½ tazas de harina cernida
1 Taza de azúcar
3 huevos enteros
1 taza de manteca de cerdo (220 gamos)

1. Se precalienta el horno a 170°C.
2. Se hace un pocito con la harina y el azúcar y en medio se ponen los huevos y la manteca. Se amasa todo muy bien, agregando, si es necesario, un poco de agua tibia. Esto también se puede hacer con la batidora.
3. Se hace un bola y se refrigera por lo menos 1 hora.
4. Se extiende la masa y se cortan las galletas en forma de corazón con un cortador especial.
5. Se meten al horno precalentado durante 12 minutos.

ROLLO DE NUEZ

rinde 300 gramos

1 taza de azúcar (200 gramos)
½ taza de agua
1 cucharada de miel de maíz natural
1 taza de nuez (125 gramos)
4 yemas de huevo
Azúcar granulada para decorar
Canela en polvo

1. Se hace una miel a punto de bola suave con el azúcar, el agua y la miel de maíz.
2. Se deja entibiar.
3. Las nueces se muelen y se añaden a lo anterior.
4. Se vuelve a poner sobre la lumbre, hasta que se vea el fondo del cazo.
5. Se le añaden poco a poco las yemas vigorosamente con un batidor de globo.
6. Se deja sobre la lumbre, moviendo constantemente hasta que vuelva a tomar el punto anterior.
7. Se saca y se bate con la batidora hasta que empanice.
8. Se vierte sobre una servilleta húmeda, se le da la forma de rollo y se revuelca en el azúcar granulada mezclada con la canela en polvo.

ROSCA DE REYES

12 personas

3 ½ tazas (500 gramos) de harina
1 sobre de levadura seca activa disuelta en 5 cucharadas de agua tibia o
   de leche
¾ taza (180 gramos) de azúcar
7 huevos
125 gramos barrita de mantequilla o grasa vegetal
¼ taza de leche tibia
1 pizca de sal
2 cucharaditas de canela
100 gramos de pasitas
1 cucharadita de vainilla
1 cucharada de manteca de cerdo
50 gramos de higos confitados
50 gramos de acitrón cortado en tiras
50 gramos de naranja confitada cortada en tiras
50 gramos de limón confitado cortado en tiras
2 muñecos de rosca
Azúcar para decorar

1. Se precalienta el horno a 180°C.
2. Se hace una fuente con la harina y se le añaden la levadura disuelta, el azúcar, los huevos, la mantequilla derretida en la leche tibia, la sal, la canela, las pasitas y la vainilla.
3. Se amasa todo muy bien hasta que la masa se despega sola de la mesa; tarda más o menos 20 minutos. (también se puede hacer en una batidora si tiene el gancho especial para amasar el pan).
4. Se hace entonces una bola, se engrasa con un poquito de manteca de cerdo, se coloca en un recipiente engrasado, se cubre con una servilleta y se deja reposar de 2 ½ a 3 horas, hasta que doble su tamaño.
5. Se pone la pasta sobre la mesa enharinada y se amasa un poco, se le da forma de rosca, se le meten los muñecos, se coloca sobre

una charola engrasada, se decora con las frutas y se deja subir otras 1 ½ horas o hasta que doble su tamaño.

6. Se barniza con huevo y se espolvorea con azúcar.
7. Se mete al horno precalentado 40 minutos o hasta que esté cocida.

Nota: Se sabe que está cocida cuando al pegarle ligeramente en la base se escucha un sonido hueco.

TORREJAS AL MODO ANTIGUO

8 personas

1 kilo de masa de maíz
3 cucharadas de manteca de cerdo más la necesaria para freír
250 gramos de queso añejo rallado
½ cucharadita de sal
1 cucharada de polvo para hornear

Para la miel
3 piloncillo
4 tazas de agua
1 raja grande de canela o un puñito de anís

1. La masa de maíz se amasa con un poquito de agua, 3 cucharadas de manteca, 2 cucharadas de queso rallado, la sal y el polvo para hornear.
2. Se hacen unas gorditas como de 3 centímetros de diámetro, se pican con un tenedor.
3. Se fríen en el resto de la manteca.
4. Se bañan con la miel y se espolvorean con el queso sobrante.
5. Se sirven calientes.

Miel
1. Se parte el piloncillo, se le agrega la canela o el anís y el agua, se pone sobre la lumbre y se deja espesar un poco.

TORTA DE ALMENDRA

6 a 8 personas

8 huevos separados
1 ¼ tazas de azúcar
½ taza de agua para la miel
2 tazas de almendras (250 gramos) peladas y remojadas en agua fría
1 copita de kirsh o de brandy al gusto

1. Se precalienta el horno a 160°C.
2. Se baten muy bien las yemas con el azúcar hasta que den punto de listón, y se agrega poco a poco la almendra muy bien molida sin agua.
3. Las claras se baten a punto de turrón y se incorporan cuidadosamente a lo demás.
4. Se engrasa un molde grande para soufflé y se vierte la pasta.
5. Se mete al horno precalentado a que tome un color dorado claro.
6. Se sirve con una miel ligera hecha con azúcar, agua y el licor seleccionado.

TURRÓN DEL VIRREY

6 personas

1 taza de azúcar (220 gramos)
¼ taza de agua
2 cucharadas de miel de maíz sabor natural
4 claras de huevo (½ taza)
1 cucharada de extracto de vainilla
¼ taza de almendras peladas, afiladas y tostadas

1. Se hace una miel con el azúcar, el agua y la miel de maíz, y se deja a que tome punto de bola dura. Se saca de la lumbre y se deja entibiar.
2. Se baten las claras a punto de turrón, se baja la velocidad de la batidora y se le añaden poco a poco la vainilla, la miel y por último las almendras.
3. Se vacía en un platón, de preferencia de cristal.

YEMITAS

½ kilo de azúcar (2 ½ tazas)
1 rajita de canela
15 yemas de huevo
1 taza de leche
¼ taza de vino jerez
Azúcar y canela en polvo para decorar

1. Se hace una miel a punto de bola suave con el azúcar, la canela y una taza de agua.
2. Se retira la canela.
3. Se baten muy bien las yemas con la leche y el jerez y se le añaden a la miel moviendo rápidamente.
4. Se vuelve a poner todo sobre la lumbre batiendo sin cesar hasta que se vea el fondo del cazo.
5. Se saca del fuego y se bate hasta que empaniza (o seca).
6. Se hacen unas bolitas y se revuelcan en azúcar y canela.
7. Se envuelven en papel de china recortado.

CAPITULO 12

MENÚS

ÍNDICE

DE MANTELES LARGOS

I

Crema de alcachofa
Soufflé de queso
Filete en vino tinto
Puré de espinacas
Espuma de Chocolate

II

Sopa de nuez
Huachinango en frío
Pierna de puerco (Cañamelar)
Jitomates a la provenzal
Espuma de mango

III

Vichyssoise
Pichones encebollados
Chicharitos a la frencesa
Negro en camisa

IV

Soufflé de berenjenas
Truchas con almendras
Filete al horno
Alcachofas con salsa holandesa
Huevos reales

MENÚS PARA SUS COMIDAS DE FIN DE SEMANA

I

Molde de salmón frío
Fabada
Ensalada de lechuga y pepino a la vinagreta
Pastel de nuez

II

Sopa de bolitas de masa
Manchamantel
Frijoles refritos
Merengue suizo con almendras tostadas

III

Puchero mexicano
Arroz a la mexicana
Manzanas almendradas

IV

Arroz mandarino
Pato a la china
Pay de merengue con duraznos en almíbar y crema inglesa para rellenar choux

V

Huevos duros rellenos de jamón del diablo colocados sobre ensalada de lechuga rebanada finamente
Mole verde Arroz blanco
Frijoles cremosos
Piña fresca al jerez

MENÚS PARA CENAS CON AMIGOS

I

Sopa a la cardenal
Pastel de cuitlacoche
Lomo de puerco en cerveza
Cebollitas glaseadas
Naranjas rellenas al horno

II

Crema fría de aguacate
Pollo a la Pompadour
Espinacas salsa Mornay
Pay de nueces

III

Sopa de ostiones
Pay de cebolla
Chuletas de ternera papillote
Colecitas de bruselas a la mantequilla
Gelatina de almendra y zarzamora

IV

Sopa fría de jitomate
Torta de elote con rajas
Filete a la pimienta
Ensalada de espinacas crudas
Huevos reales

V

Consomé al jerez
Pechugas parmesanas
Berenjenas napolitanas
Postre de dátil y nuez

MENÚS DEL DIARIO

I

Sopa fría de frijol
Pollo de plaza estilo Morelia
Cocada

II

Arroz al chile ancho con plátanos fritos
Costillitas de puerco a la china
Papas fritas
Espuma de limón

III

Sopa de elote y chile ancho
Lomo de puerco a la naranja
Chayotes rellenos
Naranjas rellenas al horno

IV

Sopa de habas
Albóndigas enchipotladas
Arroz blanco
Espuma de mango

V

Crepas a la mexicana
Huachinango al cilantro
Papas cocidas al vapor
Piña fresca al jerez

VI

Jaibas en su concha
Cuete frío vienés
Ensalada de apio y papas a la vinagreta
Espuma de chocolate

VII

Espuma de pescado
Lomo de puerco relleno
Ensalada de lechuga, berros y aguacate a la vinagreta
Espuma de moka

MENÚS PARA CENAS CON AMIGOS

I

Quiche Lorraine
Pollo marengo
Pastel de moka

II

Sopa de cebolla
Crepas verdes
Filete al horno
Zanahorias de cambray fritas en mantequilla y espolvoreadas con perejil
Espuma de mango

III

Budín de tortilla con elote y rajas
Filetes de pescado en leche con salsa tártara
Chícharos a la francesa
Choux

IV

Huevos escalfados con caviar
Pescado Víctor
Puré de papas
Ensalada de espinacas crudas con betabel y vinagreta
Pay de manzana

VI

Sopa de pescado a la francesa
Chuletes de ternera papillote
Puré de espinacas
Espuma de chocolate

HERBARIO

Acedera: *Plana poligonácea comestible. Se usa en sopas y salsas.*

Ajedrea: *Planta labiada muy olorosa. Se usa en rellenos, puerco, ganso, pan de hierbas.*

Albahaca: *Planta labiada de flores blancas, algo púrpura y de olor aromático. Se usa con jitomates, pescados, huevos, salsa para espagueti.*

Anís: *Planta umbelífera aromática. Se usa en galletas, pasteles, panes.*

Azafrán: *Planta iradácea de bulto sólido cuyos estigmas, de color rojo, se usan para condimentar alimentos. Se emplea en la paella, la bouillabaise, el arroz.*

Cebollín: *Planta lilácea. Se usa con huevos, ensaladas, papas, queso, crema, salsas.*

Cilantro: *Planta umbelífera aromática. Se usa en platillos mexicanos y del Caribe.*

Comino: *Hierba umbelífera de semillas aromáticas usadas en la cocina. Se emplea en albóndigas, carnes, salsas.*

Eneldo: *Planta umbelífera. Se usa en pescados, papas, ensaladas, pepinos.*

Epazote: *Planta aromática mexicana. Se usa en quesadillas, frijoles, moles de olla.*

Estragón: *Planta compuesta que se usa bastante como condimento. Se emplea en ensaladas, salsas, sopas, pescados.*

Laurel: *Hoja aromática. Se usa en caldos, sopas, rellenos, marinadas.*

Menta: *Planta labiada que se emplea como condimento. Semejante a hierbabuena. Se usa en té, helado, jalea, cordero, frutas y juleps.*

Mostaza: *Planta de la familia de las crucíferas, cuya semilla tiene sabor picante.*

Perejil: *Planta umbelífera, cuya hoja es un condimento muy usado. Se emplea en caldos, sopas, ensaladas, carnes.*

Romero: *Planta de la familia de las labiadas, aromática y de flores estimulantes. Común en España. Se usa en aves, cordero, salsas, papas, espinacas.*

Tomillo: *Planta de la familia de las labiadas. Se usa en jitomates, pescados, caldos, ternera, puerco.*

Ramillete: *Una combinación de hierbas amarradas juntas que se pone en caldos, sopas y ragouts. Generalmente compuesto por 3 ramitas de perejil, 2 de tomillo, una rama de apio.* Hieras finas: *Una combinación de hierbas picadas, usualmente perejil, albahaca, cebollín, perifollo, que se le añaden a las tortillas de huevo, salsas o sopas de crema.*

ESPECIES

Cardamomo: *Se usa en las marinadas, café, pan pasteles.*

Clavo de olor: *Se usa en jamones, té, fruta, chutney, pickles, sopas.*

Curry: *Se usa en salsas, huevos, pollo, pescado.*

Jengibre: *Se usa en panes, galletas, pasteles, chutney, zanahorias.*

Nuez moscada: *Se usa en eggnog, pastel de especies, camotes.*

Pimienta dulce: *Se usa en pickles, pasteles, galletas, caldos, rollos de carne.*

blanca: *Con salchichas, comidas de color pálido y salsas.*

negra: *Con salsas oscuras, carnes rojas, ensaladas.*

roja: *Con algunas salsas.*

TABLA DE MEDIDAS COMPARATIVAS

Pesos

1 litro = 4 ¼ tazas

½ litro = 2 tazas generosamente servidas

1 decilitro = ½ taza escasa

1gramo = .035 onzas

28.35 gramos = 1 onza

100 gramos = 3 ½ onzas

500 gramos = 1 libra y 1 ½ onzas (aprox)

1 kilo = 2.2 libras

Equivalentes aproximados

Azúcar 60 gr. = ¼ de taza

Azúcar 240 gr. = 1 taza

Almendras enteras 150 gr. = 1 taza

Café molido mediano 85 gr. = 1 taza

Carnes 500 gr. = 1 libra

Gelatina 150 gr. = 1 taza

Harina 142 gr. = 1 taza

Harina 500 gr. = 3 ½ tazas

Harina cernida 60 gr. = ½ taza

Mantequilla 15 gr. = 1 cucharada

Mantequilla 125 gr. = ½ taza

Mantequilla 500 gr. = 2 tazas

Sal 15 gr. = 1 cucharada

Abreviaturas

1 cucharada de medir estándar = 1 C

1 cucharadita de medir estándar = 1 c

½ cucharadita de medir estándar = ½ c

¼ cucharadita de medir estándar = ¼ c

⅛ cucharadita de medir estándar = ⅛ c

Molde de 7 pulgadas = 17.5 cm.

Molde de 8 pulgadas = 20 cm.

Molde de 9 pulgadas = 22.5 cm.

TEMPERATURAS

175°C = 347°F
200°C = 392°F
220°C = 428°F
250°C = 482°F

Cocimiento del azúcar

Para cocer el azúcar hay que ponerlo en una cacerola gruesa con agua y una cucharada de glucosa (se compra en las farmacias y evita que se cristalice el azúcar) o, en su defecto, dos cucharadas de miel de maíz de sabor natural, por cada 100 gramos de azúcar. Se coloca sobre el fuego y se mueve hasta que suelte el hervor. A partir de ese momento hay que limpiar los bordes interiores de la cacerola cada vez que haga falta con una brocha de cerda mojada en agua; con esto se evita que se caiga a la miel algún cristalito (esto es lo que provoca la cristalización de la miel). Al mismo tiempo hay que espumar el cocimiento.

La miel preparada según se ha dicho nos dará los siguientes puntos: hebra, bola suave, bola firme, bola dura, caramelo suave y caramelo duro. Las temperaturas de tales puntos son:

Hebra:
10-112°C   230-234°F

Bola suave:
112-116°C   234-240°F

Bola firme:
118-120°C   244-248°F

Bola dura:
121-130°C   250-266°F

Caramelo suave:
132-143°C   270-290°F

Caramelo duro:
149-154°C   300-310°F

Una forma más tradicional de probar los puntos de la miel es la siguiente:

Punto de hebra:
Con los dedos mojados en agua fría, tomar un poco de miel entre el pulgar y el índice. La miel debe estar espesa. Al separar los dedos debe formarse una hebra.

De bolas suave:
La miel recogida entre el pulgar y el índice debe formar una pasta suave.

De bola firme:
La bolita que se forme será un poco más firme.

De bola dura:
La bolita tendrá mayor consistencia. Podrá formarse una pelotita.

De caramelo suave:
La miel es aún más espesa y resistente. Si se coloca entre los dientes se pega en ellos.

De caramelo duro:
Al poner un poco de miel en agua fría se escucha n ligero ruido como de algo que se quiebra. Si la mordemos se romperá sin pegarse a los dientes.

Utensilios para preparar los dulces mexicanos

- Una o dos cacerolas gruesas, de preferencia esmaltadas por dentro, con capacidad de 3 y de 5 litros.
- Dos tazas de medir.
- Un juego de cucharas de medir.
- Un batidor de globo (de alambre, en forma de globo, con mango).
- Un termómetro para altas temperaturas (por lo menos hasta 160°C; se consigue en comercios dedicados o instrumentos de medición)
- Una brocha de cerda, especial para cocina.
- Una licuadora o, mejor, un procesador de alimentos.
- Una batidora eléctrica.
- Dos palitas de madera.
- Una espátula.

TERMINOS CULINARIOS

Afilar:
Cortar en tiras finas

Acitronar:
Freír ajo y cebolla hasta que estén transparente.

Baño María:
Cacerola con agua puesta a la lumbre donde se mete otra vasija para que el contenido reciba calor suave.

Cuajar:
Trabar las partes de un liquido tomándolo sólido

Crema dulce:
No es una crema a la que se le añade azúcar, sino que es el nombre que recibe un tipo de crema del mercado.

Desvenar:
Quitarles a los chiles las venas que tienen en su interior y a los camarones la ena negra que tienen en centro.

Desmenuzar:
Deshacer algo en partes pequeñas

Desmoldar:
Sacar del molde.

Espumar.
Quitar la espuma.

Flamear:

Quemar líquidos alcoholizados o quemar las aves sobre la flama para quitarles los restos de pluma.

Gratinar:

Meter al horno un alimento con salsa o sin ella, pero frecuentemente espolvoreado con queso rallado, para obtener una coloración ligera y algunas veces una capa crujiente (sopa de cebolla, pastas, etcétera).

Infusión:

Acción de extraer de una sustancia sus partes solubles por medio del agua caliente.

Incorporar:

Mezclar cuidadosamente sin batir.

Licuar:

Volver líquida una cosa.

Ligar:

Darle consistencia a una salsa, a un jugo, a través de añadirles yemas de huevo, crema, harina o sangre.

Marinar:

Poner a remojar la carne, ave, pescado o fruta en una preparación apropiada, ya sea para aumentar su sabor o para suavizarlo.

Precalentar:

Calentar con anticipación.

CPSIA information can be obtained
at www.ICGtesting.com
Printed in the USA
LVOW03s1911290318
571647LV00001B/104/P